なぜおば社長の100億円ノウハウ

STARTUP《スタートアップ》

倒産させない絶対経営 10の原則

株式会社インプルーブメンツ　代表取締役社長
平 美都江

ダイヤモンド社

はじめに

経営の基本の基本をマスターしてスタートアップ80％倒産を回避！

価値ゼロの会社を１００億円にまで高めてイグジットしたおばちゃん社長として、**スタートアップの若い起業家**や、**事業承継した若い経営者**に、こうすれば絶対に失敗しないというノウハウを、本にまとめられればと考えていました。

「なぜおば社長」として、講演依頼が増えました。その際、聴講者の方々から多く質問を受けます。

先代から会社を引き継いだけれども、いったいどう改善していけばいいのか、という2代目、3代目の経営者からの質問があれば、会社を子どもへ引き継ぎたいのだが、というベテラン経営者からの質問もあります。そんな中で最近増えてきたのが、〝これから会社を起ち上げたい〟とか、〝会社を起ち上げたばかりなのだが、もう現金が底を尽きそう〟などという声です。

ある大学のスタートアップサークルでセミナーを開いたときには、多くの学生さんが、私の経験から考えると、怖いくらいの壮大な夢を語ってくれていました。

気がつけば、今の世の中、スタートアップは最大のブームといっていいでしょう。

振り返れば、マイクロソフト、アップルなどの巨大企業は、1人の夢から生まれた企業です。今はちょっと調子が悪いようですが、メタ（旧・フェイスブック）も、マーク・ザッカーバーグが大学生のときに、卓越したプログラミングの腕で起ち上げ、たちまち世界的な情報交換アプリの先駆け企業になりました。

まずは大きな夢を持つことが必要。

かつての日本の社会は、ちょっとでも夢を語れば、「そんなことできっこない」「絶対に無理」と、たちまち周りから叩かれる有様でした。まさに〝出る杭は打たれた〟のです。

でも、今の日本では、大きな夢をためらいなく語る若者が増えました。

米国から日本にスタートアップ旋風がやって来たことは、とても喜ばしいことだと思います。

スタートアップのほかにも、イノベーター、インキュベーターといった言葉も耳にします。

しかし、一方では、スタートアップを目指している人たちの話を聞いていると、危うさを感じます。失敗談も多く出てきました。

夢が大きすぎて、現実が追いついていない？　または、見込みや計画が杜撰《ずさん》？

起業に失敗はつきものとはいえ、失敗にも程度、限度があります。

というよりも、夢を追うあまり、経営という現実を軽視しているように思えてならないのです。

アメリカ流が日本では通用しない！

危惧する理由はほかにもあります。

今は、資金を提供してくれる投資家やベンチャーキャピタルの存在で、以前に比べると、会社を起ち上げて事業を始めることがずっと簡単になりました。

コンペが開かれ、そこで事業の構想を持っている人、これから会社をつくりたいと考えている人がプレゼンテーションを行い、内容が気に入った投資家が資本金を出す――。そのようにして資金が得られる場も増えました。

日本の政府そのものが、起業を推奨しています。２０２２年11月、日本政府は「スタートアップ育成５か年計画」を策定し、その中で、スタートアップに対する年間投資額を２０２７年度に10兆円規模へ増やす目標を掲げています。

〝スタートアップの人たち、どうぞどんどん出てきてください〟〝新しい企業よ、どんどん世の中に生まれてください〟〝米国や中国に、ＧＤＰや企業ランキングで差をつけられた失われた30年を取り戻すべく、若者のスタートアップに期待したい〟――政府も社会もこう考えているのですが、大きな問題点があります。

スタートアップに関連する考え方は、米国から〝輸入〟されてきたもので、日本でそっくり同じことが通用するかというと、まったくそうではないからです。いや、むしろ大間違いといえるでしょう。大間違いです！

まず、米国と日本では投資する額がそもそも違います。また、スタートアップ企業を支えようという社会のマインドも大きく異なります。

アメリカの投資家は、スタートアップ時に企業に投資するだけでなく、その後、その企業が通らなければならない「魔の川」（シーズを製品に開発するまでの関門）や「死の谷」（開発した製品を市場に投入して事業化するまでの関門）を理解し、そのたびに増資に応じる投資家がいます。そして、その企業が「ユニコーン」と呼ばれる巨大企業になるまで、長期間支えていくのです。もちろん、それによる投資家への見返り（株価の値上がり）は莫大なものになります。

一方、日本の場合、そもそも最初の資本金の額が限られています。少額です。また、その資本金が尽きたあと、増資を手助けする例はあまり多くありません。「魔の川」や「死の谷」を理解する人もまだまだ少数です。最初の資本金が尽きたことをその企業の限界と見て、さっさと見切りをつけてしまうのでしょう。なにしろ、投資家が最初から失敗率80％と見なしていますから。

増資して「つなぐ」風土がまだなく、別の目新しいスタートアップを見つけて、そこに投資するほうを選択します。そんなことを繰り返しているのが日本の現状です。

最初から、「8割は失敗するのだから、2割で元が取れる・儲かる」と、公然と言

図表A

スタートアップ企業が成功するまでの3つの関門

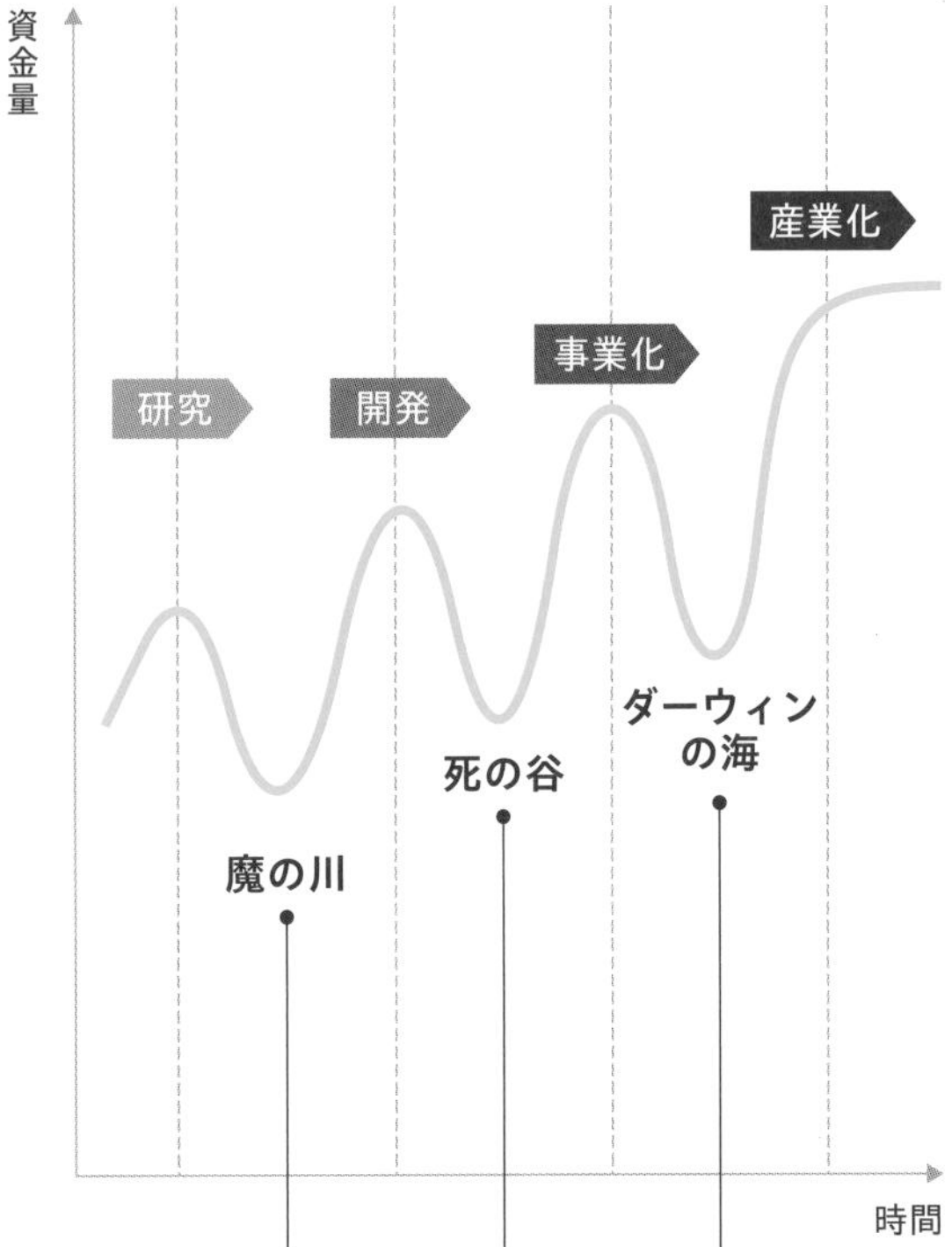

研究が研究で終わらないよう、技術を市場のニーズとマッチさせる製品を考える難しさに直面する時期

商品・サービスの開発から実際の販売やサービス開始を始めるまで、難しさに直面する時期

市場に投入された商品・サービスが競合企業との競争に晒されながら市場に定着する難しさに直面する時期

い放っている投資家がほとんどで、その程度の投資額です。

多くの起業の成功と失敗の経験を積んで、世界を牽引するユニコーンを生み出してきた米国と、まだまだ経験の少ない日本との違いが、投資家の姿勢にも顕著に現れているのです。世界に冠たるユニコーンを生んだ経験は、日本はゼロです。

そしてその結果、せっかく資本金を集めてスタートアップした企業であっても、すぐにその資本金が底を尽き、倒産してしまうのです。スタートアップの戦場は死屍《しし》累々《るいるい》です。

それゆえ、経団連も業界も、なんとかこの屍を生き返らせる方法を、法制度で考えようと力を入れ始めています。

私は、法制度のアプローチではなく、起業家や事業承継者に、経営の基本を叩き込めるメソッドを提供することが重要だと考えました。

日本で圧倒的に足りないのが「プロの経営者」

実際、スタートアップ企業の10年間倒産率は8割、10社起ち上げても2社しか（あるいはそれ以下しか）生き残れないという厳しい現実があります。

このことは、経営コンサルタントとして日米両国で活躍し、自身、経営者として不振企業の立て直しなどで多くの実績を上げてきた三枝匡《さえぐさただし》氏も、自著『戦略プロフェッショナル』（ダイヤモンド社）の中で、「企業経営では今戦略的リーダーの不足が顕在化している。大企業の代わりにベンチャー企業を育てようという試みもうまくいかない。なぜなら日本のベンチャー育成で騒いでいるのは学者、官僚、マスコミ、金融機関だけで、肝心のプロの企業経営者が欠如しているからである」（プロローグ／日本企業の泣き所）、「若者が早く経営責任を負う立場に立ちたいなら、今の時代なら、ベンチャー企業の設立が手っ取り早い」（第2章 国際レベル人材を目指す）などと、ベンチャー――スタートアップの重要性を指摘しつつも、同時に、「経営経験の薄いままいきなり社長を名乗り、ほかの若者を巻き込んでアマチュア経営を続け、一〇年経っても大したことにならないケースが多すぎる。また、基準の甘い株式上場を果たしただけで成功した気になっている若者が多いのは日本の不幸だ。**企業家としての野心と経営技量の水準をもっと上げないと、ベンチャーが日本の元気復活の基盤になる日は来ない**」と、安易な起業を憂慮しています。真に求められるのは「プロの経営者」であると強く訴えているのです。

問題は投資のあり方だけではなく、起業した経営者が、経営者としてプロになれるのかどうか——そこにかかっているというわけです。

茨の道確実のスタートアップを成功させるには

並大抵のことではスタートアップが成功しないならば、さらに起ち上げた会社を維持し、大きくしていくことは、針の穴をラクダが通るより至難ということでしょう。

私が経営していた平鍛造は、父が創業した会社でした。父は、鉄を熱して叩いて加工する鍛造《たんぞう》技術の誰もが認める天才技術者であり、カリスマ経営者でした。

創業者の父は、失敗を恐れないとてつもない勇気と、誰がなんと言おうとも自分の目標を達成するために、とことんやり抜く意志を持つ、まさに地方の立志伝中の経営者でした。

順調な会社を乗っ取られる経験もし、再チャレンジで起業して平鍛造を立ち上げました。

私は、そんな会社の中で、常にナンバー3（ナンバー2は弟）という存在でした。

しかし、父との長い年月を振り返ると、私が会社に対して果たしてきた役割は、決して小さくはありませんでした。振り返って考えてみればの話ですが……。

創業には確かに大きな夢や、絶対に、のし上がってやるという信念、執念というべき強固な意志が必要です。ときにそれは無謀さとなって現れたりします。

しかし、つくり上げた会社を維持していくためには、ライバル企業を含めて業界全体の動向について情報を収集する能力をはじめ、その集めた情報によって、自社の経営状況を客観的に見ていく分析力、自社の強みを知り、市場でのポジションを築いていく計画力、そして先見性などが必要になります。何より、目の前に困難なことが立ちはだかったとき、それを打ち破っていく発想力や忍耐力、柔軟性などが求められます。

私の父は、勇気、強固さ、執念、ときには先行するライバルに追いつこうと、上限額をはるかに超える設備投資で事業を拡大してきました。そうした中、会社が負う借金危機を突破する局面で、私も大いに貢献してきたと自負しています。

父が完全引退したあと、私は製造現場にどっぷりつかりながら経営の改善を進め、従業員教育も同時に行って生産性を飛躍的に向上させました。また、トップ営業として走り回り、海外から新規の仕事を数多く獲得しました。

私自身、一時、父から解雇されていた時期に、鉄鋼商社を起ち上げたこともあります。

私は、決して大きな志に基づいて起業したわけではなく、〝稼がねばならない〟という切羽詰まった事情ゆえの起業でしたが、それでも自分のつくった会社を維持させるために、資金力がないゆえに現金最優先の商取引を考えて、考えて、考え抜き、休む間も惜しんで営業を続けました。

平鍛造の倒産危機、1人商社の起業経験から、スタートアップ、事業承継、そして経営の基本について胃が裏返しになるほどの苦しい経験を基にまとめたのが本書です。

これだけ実践すれば絶対に倒産しない「10の原則」

大きな夢を語ることは決して悪いことではありません。夢があるから素晴らしいのです。

しかし、猫も杓子もスタートアップを目指す今日、会社を起ち上げ、維持していくための基本の基本を知らないまま突き進むことは非常に危険に思えます。

いや、むしろその基本こそ最優先にすべきなのです。

卓越した技術により華々しくスタートアップで登場した会社であっても、目立たずとも地道に地域貢献している中小零細企業であっても、ぶつかる問題は実は同じように整理できます。

私が本書で示す10の原則は、これまで多くの経営者が語ってきたことと重なる部分があります。松下幸之助、稲盛和夫、永守重信、柳井正氏などの御大をはじめとする多くの経営者や、一倉定《いちくらさだむ》氏ら経営コンサルタントの本を私は読み漁りました。その影響は計り知れません。名もない小さな私自身だけでは力不足ですから、**本書には、これらの偉大な経営者やコンサルタントの考えや言葉も差し込みました。**

しかし、基本的には私自身の経験を原則にしました。どこにもない経営書として仕上げたつもりです。血がにじむような自らの体験から、これだけやれば絶対に倒産しないというノウハウです。

ときには、失敗体験が必要なときもありますが、当初から事業として成り立たないスキームで自爆してしまうのは、これほど残念なことはありません。

創業した本人にはもちろん、社会にとっても然りです。なにしろ、他人から出資を受けているのですから。

国が準備する基金がムダになるのも、国民としても放置できません。

将来、ビル・ゲイツやスティーブ・ジョブズ、イーロン・マスク並みの経営者を目指す方はもちろん、親から継いだ危機的会社をなんとか再生・再構築しようと奮闘している方にも、あるいは商店街の空き店舗を利用し開業している方にも、退職金を注ぎ込んで飲食業を始めようとしている方にも、本書はお役に立つはずです。

経営とは血を吐くような苦しさを味わうことです。が、1つの仕事をやり遂げたとき、これほどの幸福はないと思えるほどの高揚感を得られる仕事でもあります。

苦しい、だけど本当に面白い。ぜひ会社経営をやってみたいと思っていただけるはずです。

特に、ライバル分析をしていくと、自社をよりよい会社にしていくためのアイデアが思い浮かびます。また、スタートしたばかりの頃に陥りやすい弱点も見つかるはずです。修正すれば最高の会社にできるでしょう。

考えて、考えて、考え抜く。それが経営者の仕事です。考えるだけならば、お金は不要です。

現代は、既存のビジネスとビジネスとをマッチングし、ビジネスとビジネスの隙間を探ることで、多種多様なアイデアを生み出すことができる時代になりました。第4次産業革命の真っ只中と言ってもいいでしょう。

あなたも大経営者になれるチャンスがあるのです。

本書がそのための一助となると信じています。

本書を実践していただければ、貴社は絶対に倒産いたしません。

2023年秋

平 美都江

もくじ

なぜおば社長の100億円ノウハウ
スタートアップ 倒産させない絶対経営 10の原則

第3章

第4章 アップデートの原則
――絶え間なく改善＆検証―― 137

第7章

第8章

自己責任の原則
――従業員任せじゃ利益爆発の会社にならない！――

効果が大きいことから改善をスタートすることこそ王道

序章

52年間の決算書から見える「経営の極意」

ダイジェスト(1969–1995)

	1973年	1974年	1975年	1976年	1977年
	365,646,376	736,180,718	1,455,840,156	1,391,139,240	1,585,943,018
	− 53,754,542	− 49,799,990	− 19,025,585	4,780,421	33,109,186
	0	0	0	0	0
	472,629,461	678,782,498	817,470,404	706,410,148	841,984,082
	− 43,754,542	− 39,799,990	− 9,025,585	14,780,421	45,109,186
	428,874,919	638,982,508	808,444,819	721,190,569	887,093,268
	− 10.20	− 6.23	− 1.12	2.05	5.09

	1982年	1983年	1984年	1985年	1986年
	5,142,112,285	4,925,863,058	5,490,457,101	6,636,238,682	6,899,971,658
	83,445,179	− 54,676,415	117,626,114	287,882,763	32,165,467
	54,805,370	200,000	47,320,240	193,131,970	973,780
	3,708,368,706	4,514,153,289	4,657,144,579	5,424,379,213	6,034,342,320
	210,758,008	191,591,593	261,897,467	330,158,260	342,329,947
	3,919,126,714	4,705,744,882	4,919,042,046	5,754,537,473	6,376,672,267
	5.38	4.07	5.32	5.74	5.37

	1991年	1992年	1993年	1994年	1995年
	11,621,759,928	10,186,924,921	8,802,828,864	7,918,624,505	8,363,727,455
	727,274,190	828,852,451	760,165,681	748,586,039	1,312,377,970
	466,247,700	15,602,436	225,934,900	183,660,600	491,509,100
	10,234,359,009	9,066,891,479	7,861,154,254	7,011,186,081	6,371,803,347
	494,041,860	907,595,511	1,103,281,592	1,309,371,731	1,783,992,901
	10,728,400,869	9,974,486,990	8,964,435,846	8,320,557,812	8,155,796,248
	4.60	9.10	12.31	15.74	21.87

52年間の平鍛造決算

	1969年	1970年	1971年	1972年
売上合計	21,757,235	102,070,476	110,878,131	175,252,957
当期税引前利益	－4,114,266	－2,307,567	－2,229,540	－24,289,335
法人税等	0	0	0	0
負債の部	56,162,405	45,875,922	107,041,454	239,428,029
純資産の部合計	10,000,000	7,692,433	7,779,460	－14,289,335
負債・純資産合計	66,162,405	53,568,355	114,820,914	225,138,694
自己資本比率	15.11	14.36	6.78	－6.35

	1978年	1979年	1980年	1981年
売上合計	1,899,842,362	2,403,330,337	2,822,506,208	4,155,305,132
当期税引前利益	32,228,037	72,814,171	59,239,351	224,701,294
法人税等	0	0	415,433,470	128,490,370
負債の部	951,577,331	1,112,803,803	1,905,707,728	3,031,475,244
純資産の部合計	76,947,223	112,761,394	95,457,275	213,668,199
負債・純資産合計	1,028,524,554	1,225,565,197	2,001,165,003	3,245,143,443
自己資本比率	7.48	9.20	4.77	6.58

	1987年	1988年	1989年	1990年
売上合計	7,101,886,203	7,928,292,300	8,572,109,800	10,358,237,810
当期税引前利益	33,518,286	－121,916,355	－142,279,867	－136,404,345
法人税等	4,115,930	42,888,300	276,157,300	0
負債の部	6,160,659,476	6,670,940,584	8,423,403,351	9,187,185,885
純資産の部合計	370,056,083	248,139,848	387,199,715	241,495,370
負債・純資産合計	6,530,715,559	6,919,080,277	8,810,603,066	9,428,681,255
自己資本比率	5.67	3.59	4.39	2.56

ダイジェスト（1996–2020）

	2000年	2001年	2002年	2003年	2004年
	4,830,452,208	4,720,077,763	4,228,803,461	4,607,767,242	5,151,192,131
	901,784,575	621,970,280	759,486,657	668,101,164	794,480,888
	218,991,500	43,652,900	216,184,100	103,749,400	207,708,500
	2,006,273,072	1,732,088,384	1,381,946,134	1,256,943,564	1,548,917,278
	4,074,335,545	4,292,146,725	4,553,369,982	4,788,590,246	5,079,561,234
	6,080,608,617	6,024,235,109	5,935,316,116	6,045,533,810	6,628,478,512
	67.01	71.25	76.72	79.21	76.63

	2009年	2010年	2011年	2012年	2013年
	12,804,801,798	1,853,161,767	4,950,602,683	6,687,716,201	4,818,940,537
	1,982,680,529	－942,909,530	772,470,110	421,554,013	－251,494,886
	412,608,300	0	161,125,500	69,014,400	0
	1,927,446,994	1,251,616,965	1,899,671,508	1,811,720,559	1,493,447,325
	9,483,446,446	5,606,032,683	6,217,377,293	6,459,313,396	6,177,815,100
	11,410,893,440	6,857,649,648	8,117,048,801	8,271,033,955	7,671,262,425
	83.11	81.75	76.60	78.10	80.53

	2018年	2019年	2020年
	7,198,683,774	7,813,049,054	6,930,842,096
	947,777,903	1,061,700,236	690,446,745
	166,159,100	232,994,600	53,128,200
	2,044,645,413	2,118,543,397	1,444,425,798
	6,073,501,857	6,716,525,669	6,833,873,181
	8,118,147,270	8,835,069,066	8,278,298,979
	74.81	76.02	82.55

52年間の平鍛造決算

	1996年	1997年	1998年	1999年
売上合計	8,652,256,741	8,749,392,606	7,612,525,243	5,135,343,546
当期税引前利益	1,610,007,110	1,846,257,855	1,323,085,559	815,679,145
法人税等	471,979,700	542,636,300	163,832,900	45,172,500
負債の部	5,687,342,586	4,342,836,963	2,815,460,701	2,061,507,239
純資産の部合計	2,298,142,111	2,916,583,166	3,321,927,525	3,673,563,770
負債・純資産合計	7,985,484,697	7,259,420,129	6,137,387,788	5,735,071,009
自己資本比率	28.78	40.18	54.13	64.05

	2005年	2006年	2007年	2008年
売上合計	6,242,288,782	8,169,255,110	8,968,612,971	13,093,214,562
当期税引前利益	861,225,076	1,197,333,302	1,285,758,638	1,946,106,816
法人税等	189,793,400	363,204,700	251,452,900	455,752,900
負債の部	2,285,470,142	3,315,237,459	3,380,822,738	4,665,930,275
純資産の部合計	5,421,246,710	5,874,980,712	6,536,237,050	8,647,013,530
負債・純資産合計	7,706,716,852	9,190,218,171	9,917,059,788	13,312,943,805
自己資本比率	70.34	63.93	65.91	64.95

	2014年	2015年	2016年	2017年
売上合計	5,555,893,820	5,739,577,895	6,376,633,512	6,573,231,449
当期税引前利益	101,968,399	397,556,203	−17,870,892	565,594,912
法人税等	0	76,721,300	166,300	168,365,800
負債の部	1,580,638,512	1,701,895,227	1,888,546,809	1,637,249,726
純資産の部合計	6,249,780,089	5,117,896,582	5,069,603,678	5,436,577,078
負債・純資産合計	7,830,418,601	6,819,791,809	6,958,150,487	7,073,826,804
自己資本比率	79.81	75.04	72.86	76.85

創業当初から25年間ずっと低かった「自己資本比率」

父が創業し、私が事業承継した平鍛造の創業から売却までの52年間の経営状況をまとめたのが、28～31ページの表です。

まず、最初に、注目してほしいのが、表の一番下の項目「自己資本比率」です。

1968（昭和43）年

父は自分の故郷である石川県の羽咋《はくい》市に、平鍛造を創業しました。

東京で初めて起業した鍛造会社を手放す際に得た1000万円と、プレス1台を元手に設立しました。

設立初年の純資産は1000万円となっていますが、そのほか5600万円あまりを銀行から借り入れ、**計6600万円あまりでスタート**しました。自己資本比率は15・11％です。

この年の売り上げは、約2100万円でした。

１９７０（昭和45）年

２年目で、売り上げは１億円を超えています。

その後も売り上げは、急伸し続け、経営は順調のように見えます。

しかし、すでにこのときから１つの不安要素があることがわかります。

自己資本比率の低さです。

１９７１（昭和46）年

創業３年目から「負債の部」の額が膨れ上がっていくのがわかるでしょう。

つまり、自己資本比率は下がり続けていきます。

１９７２（昭和47）年

創業４年目には、早くも債務が自己資本を上回りました。債務超過です。

つまり、自己資本率がマイナスになっているということです。

自分の手持ちの資本はすっかりなくなり、借り入れによって、資金繰りも設備投資も行っているということです。

鍛造の天才的職人だった父は、先行しているライバル会社に対抗するため、毎年、設備投資に莫大な資金を注ぎ込みました。やらなければ負けるからです。

資本力に優れる先行ライバル会社は、平鍛造を引き離すように、毎年サイズの大きい設備を導入していました。

大きな製品の製造ができれば、バーターで小さな製品の依頼も入ってきます。ほどよいところで棲み分けができるほど業界は甘くはありません。ライバル会社に、注文を総取りされてしまうのが実態でした。

それに対抗し、同規模の製造装置を入れるのですが、ライバル会社は、すぐにそれを上回る大きな製造装置を導入し、当時は、イタチごっこのような競争が続きました。追いついたかと思えばすぐに引き離され、それでも必死に食らいついていく。その繰り返しで、設備投資に大金を投じると同時に、鍛造工である父は、高い製造技術に磨きをかけ、その熾烈な競争の中で、高品質の製品を同時に大量に製造できる設備を導入していったのです。

といっても、自己資金は最初の１０００万円だけです。設備投資の資金は、当然ながらすべて銀行からの借り入れです。それが年々、膨らみ続けていった債務超過＝負債の正体です。

後年、考えてみれば、父の戦略（他社にサイズで負けない）は、まったく正しいものでした。

常に、最新しかも最大サイズの製造設備を備えることで、平鍛造の製品が鍛造リング業界では特筆すべき競争力を持つものになっていました。かつ、世界的に技術の高さが認められたことで売り上げを伸ばし、結果的に大きなシェアを獲得できたのです。

しかし、その大きなシェアを利用するその後の戦略までは、父は考えていなかったようです。シェアが拡大し、売り上げも増えているのに利益は出ず、絶えず収支はギリギリ、ときには債務超過、倒産寸前に陥りました。

それをなんとかしようとしたのが、私でした。

売り上げは急増、なぜか現金がない！銀行はいつまで貸し続けてくれるのか？

1975（昭和50）年、私は東京の大学に進学しました。その年、叔父（父の兄）が食道がんで亡くなり、従兄は大学を中退し家業を継ぎました。さらにその翌年、私の父に胃がんが見つかり、私もまた、大学を中退して故郷に戻ることにしました。

1978（昭和53）年、私は平鍛造で働き始めました。

今でこそ、がんは克服できる病気になりましたが、当時、がんは治らない病気と見なされており、私は、大学には落ち着いたら戻ろうとの気持ちで、実家に戻った記憶があります（現実には父はその後、長生きするのですが……）。

当時、母も甲状腺疾患で入退院を繰り返していたため、父の看病はできませんでした。

父の後継者と見なされていた弟は、当時、まだ高校生で、弟が会社を引き継ぐまで、私は一時的に父が不在の会社に入り、中継ぎの役割を果たすことになりました。

父は手術後、私に結婚するよう強く要望したため、私は従業員の1人と結婚して、1年後に長女が産まれるなど、慌ただしい日々を送ることになります。

1979（昭和54）年、父は胃がんの手術後、復帰しましたが、胃を全摘出したため虚弱体質になりました。貧血で倒れることも多く、そのせいかイラつき、ワンマンな性格がマックスになっていきました。

弟も大学進学を諦め、平鍛造で働き始めました。

売り上げは上がっているのに、毎年の高額な設備投資のために、会社はいつもギリギリの状態。金銭的苦境と胃の全摘が、父の精神を追い詰めているようでした。平鍛造が投資して大型の設備を入れれば、ライバルの大手会社は、即刻それを上回る設備を導入、すぐに引き離されますが、それでも食らいついていきました。
父は、否応なく、毎年のように設備投資に莫大なお金をかける必要があったのです。父は必要なことをしていたのですが、決算書を読み込めば読み込むほど、このデータは苦境を表しています。

今のスタートアップでは、資金調達の方法はいくつも考えられます。まだ、企業として形になっていない段階であっても、将来、有望な事業になると見込まれれば、会社設立のための資金を提供してくれる組織や人は増えました。ベンチャーキャピタルがその代表でしょう。また、多くの個人から資金を募るクラウドファンディングもメジャーになりました。

しかし、今から50年以上前の１９７０年代、そのような手段はありませんでした。

中小企業が資金調達しようとすれば、地元の信用金庫や銀行などの金融機関から借りるしか方法はなかったのです。

金融機関からの借り入れが多ければ多いほど、他人資本（スタートアップでの他人からの投資は自己資本）が多くなり、自己資本比率は低くなります。自己資本比率が低いということは、金融機関への依存度が高まっていることにほかなりません。もし、金融機関に見放されてしまうようなことがあれば、即、倒産です。

前述したように、今の起業家がスタートアップで得る多額の資本金も、他人から得るケースが多いのが実情です。

借入金の場合は、返済できなければ即倒産につながるため、危機感を持った経営ができます。ところが、他人から得た資本金の場合は返済する必要がないため、ついつい経営に対して気の緩みが生じてしまいます。すると、ある日突然、現金化できる流動資産がないことが判明し、資金繰りに行き詰まる……といったこともあります。

このように、〝資本金は会社のもので返済しなくていいという考え方が、突然の倒産につながる〟ということを肝に銘じなければならないのです。

借入総額が銀行の貸し出し上限を超えて、当月末、どこの銀行も追加融資してくれないこと、つまり倒産について、当然ながら父や経理担当は、私以上に危機感を持っていたはずです。

それでも当初は幸運にも高度成長＝増収時代の真っ只中で、製造能力のある会社が仕事を取れる時代でした。ほかの業種もおそらく同じような状況だったと思います。自己資本比率がいくら低くても、事業が増収であれば、金融機関はいくらでも融資してくれたのです。

また、たとえ事業が不調になっても、世の中全体的には成長が続いているからです。不景気もいずれ回復して資金を回収できる――、単なる景気循環だ――と金融機関は考え、最初は無理な融資にも応じてくれました。

借金は返済するものではない。金利さえ払っていれば、借り続けられる。父はもちろんのこと、私もそう思い込んでいました。

平鍛造も創業から約20年間、父はライバルの会社に追いつけ追い越せと、自己資本比率はずっと低いままでしたが、大きな問題にはならずに済んだのです。

それでも、万が一、何かあれば……。突然、大きな資金が必要になるような事態になれば、会社は立ち行かなくなってしまうのでは？　そのとき、金融機関が助けてくれればよいのですが、果たしてそうしてくれるのでしょうか？

1988（昭和63）年、自己資本比率は3％台。

信用金庫にも銀行にも、もうこれ以上はつなぎ資金も貸せないと宣告されたのです。手元に現金はありません。設備代金で振り出した支払手形が落とせないのです。

駆けずり回って、つなぎ融資を求めましたが、いつものように追加で貸してくれる気配はありません。融資の限度額をとうに超えていたのです。血の気が引いていくのがわかりました。倒産です。

東京で最初に起業した会社では乗っ取りにあい撤退。2度目に起業した平鍛造では、支払手形を支払う現金がなくなり倒産目前。2度とも失敗では、もう立ち直ることができないと父は腹を決めて、工場のうち一番大きなサイズの最新設備投資を終えたばかりの工場をドイツの企業に売却して、なんとかお金を工面しました。

しかしその結果、競争力のある最大サイズの鍛造を製造する工場を失いました。

Sketches of My Life

駆けずり回って、つなぎ融資を求めましたが、いつものように追加で貸してくれる気配はありません。

その後は、工場売却で得た資金で新たに製品サイズの小さな2つの工場を建設し、そこで仕事をこなすという綱渡りで切り抜けるつもりでした。

売却した工場は、一番の売り上げを上げる大型工場でした。一方、新たに建設したのは、利益の少ないサイズの小さな工場でした。資金繰りに苦労した挙げ句、自らの身を削るようなことをしてしまったのです。絶対にやってはいけない選択でした。

それでも会社は辛うじて生き延びました。

父がこの売却相手と交渉する文書が見つかり、私は、それを読む機会がありました。胸が張り裂けそうになって涙が止まらない、切実な文書でした。『**七重の膝を八重に折ってお願いする**』と。スタートアップの起業家も、このような思いになるときがあるのです。泣いても泣き切れない。

父は、倒産危機をなんとか乗り越えたものの、債務超過になるほどの大きいサイズと増産競争のための設備投資を行った挙げ句に、その虎の子の工場を手放してしまい、私は生きた心地がしない日々を送りました。

私はこの工場を買い戻すことに全力を注ぎました。結果として、半分の土地はそのままで、鍛造工場は買い戻せました。ですから、今もドイツの会社とは隣同士です。

1989（平成元）年、父は私の弟に社長の座を譲り、私を専務に昇格させました。私は営業のトップを担うことになりました。

父は相談役となりましたが、相変わらずのワンマンぶりでした。

熱血漢で政治にも首を突っ込んだことにより、選挙違反で逮捕寸前、客先は上場会社ばかりで、社長が現職で逮捕はまずい……との判断で、事業承継を進めているという姿勢のカムフラージュをしました。弟を社長にしたのも、私を専務にしたのも、父にとってはしぶしぶのことで形ばかりの事業承継でした。

しかし、私にとっては大きなチャンスでした。形ばかりだろうとなんだろうと、専務は専務です。この機会に、絶対に会社の体質を変えようと決心しました。

ついに価格見直し
――奈落の底もあったが、いよいよ会社は激変

専務として会社の営業を全面的に担うことになった私は、製品の値上げを提案しま

した。粗利率をアップし、借り入れを減らすためです。

大サイズと生産量を追い求めてきた父の方針は、まったく正しいものでした。当時、平鍛造が業界に占めるシェアはトップになっていました。しかし、なぜか製品単価は低いままなのです。

鍛造とは、鉄を高温に熱して機械で潰し、圧力をかけて延ばしていく加工方法です。材料である鉄の値段に、加工賃を乗せた価格で提供するのですが、加工賃は、「キログラムいくら」が業界の慣習でした。今もそうです。

父は、鍛造工上がりの経営者でしたので、加工技術を追求した設備にしていきました。サイズ競争の中でも、先行するライバル会社との差別化を図る高性能な製品をつくることに熱心に取り組みました。それは成功するのですが、性能の高さが評価されても、加工賃はキログラムいくらで計算するので、削り代が少ない高品質な製品ほど重量は下がり、キログラムいくらでは、価格は下がる一方でした。

どこにもできない鍛造品を開発した労力とその製品は評価されず、むしろ材料を削減すればするほど重量が減るので、1個当たりの価格が下がる――、というジレンマをずっと抱えることになっていました。

そんな業界の無理解（説明不足も大いにありました）に加え、父は取引先の要望で、年に2度（上期・下期）、各3％の値引き（これも当時の業界の慣習）にも応じていました。驚くべきことですが、年々、製品の単価は下がっていたのです。

そのため注文が増え、総売上は上がっていても、いつもギリギリの状態。そこに多額な設備投資の負担がのしかかるので、たまったものではありません。下請けの性《さが》。父は、少しでも自社製品を拡大させたいため、取引先が提示する安い価格に甘んじていました。それゆえ、業界では高いシェアを得ることができたのですから、倒産しなければ、そこまでの父の戦略は成功したといえるでしょう。

しかし、トップシェアを獲得したあとは、別の戦略が必要でした。製品を値上げして、利益を取らなければ……。そこで私の出番となりました。

値上げとひと口に言っても、簡単なことではありません。いったいどの製品を、どれほど上げればよいのか。

そもそも当時の平鍛造では、製品1つひとつにどれほどのコストがかかっているのかわかりませんでした。それまでは原価計算の方法を誰も知らなかったのです。

加工賃の中には、燃料費、光熱費、人件費や設備投資した機械の減価償却費が含まれています。製品によって使う機械も工程も異なります、減価償却費も製品ごとで違うはずです。しかし、当時は、1点ごとに分けて計算しておらず、どんぶり勘定が実態でした。

すべて、「キログラム／60円」でした。

各製品がどの機械で製造され、それにはどれほど減価償却費があり、また、どれくらいの作業人員、時間を要しているのか、製品1つひとつの製造コストを個別に計算することを試みました。そこで私は、大学教授の原価計算の本を3冊購入し、読み込みました。

本には、鍛造業のように、1個の小ロット品と、数百個の大ロット品を混合生産する事例は載っていなかったので、その製品が何時間でできるかを基準とし、大雑把に原価計算シートを作成しました。

これで、1型番当たり、または、注文ごとの原価は、だいたい出せるようになりました。これを基に、〝妥当な〟値上げをできればよかったのですが、これは原価を把握しただけで終わりました。

原価と売価は、まったく連動させることができないことも、はっきりわかりました。

Sketches of My Life

現金を保有できる体質になっていなければ、今度こそ、存続する手立てがなくしてしまいます。私はそう力説しました。父だって値上げをしたかったでしょう。

ライバルを分析した結果、他社が鍛造でできない製品まで「キログラム／60円」にしていたのです。逆に、どこでもつくれる大量品は、「キログラム／40円」でも利益が出ていることもわかりました。

結局、他社ではつくれない製品に絞って値上げ交渉を試みました。

ところが、父は値上げに反対でした。値上げにより、既存の顧客から断られることを心配し、それまで通りやっていればなんとかなるとの主張です。

私は、時間の問題で倒産すると主張しました。

このまま多くの注文がもらえればいいですが、少しでも注文が減れば、会社に危機が訪れるに違いありません。

ドイツの会社へ半分の土地を売却して乗り切ったとしても、現金を保有できる体質になっていなければ、今度こそ、存続する手立てをなくしてしまいます。私はそう力説しました。父だって値上げをしたかったでしょう。

侃侃諤諤《かんかんがくがく》の議論の末、父は「それならお前がやれ」と、私の提案を認めたのですが、条件がつきました。

「ダブルスタンダードでいこう」というのです。

つまり、私が勝手に値上げを言い出したことにして、取引先がそれに応じてくれればそれでよい。しかし、もし、値上げが受け入れられず、仕事を引き揚げると言われれば、「それは美都江が勝手にやったこと」と、とぼけるというのです。「俺は知らなかった」と顧客に謝り、元の値段で仕事を続けるというのです。

そのような状態で値上げに踏み切りました。幸いにも怒りだす顧客はいませんでした。

幸運にも業界はバブルの真っ只中だったため、私たちの心配をよそに注文は増加しました。注文増と価格アップのダブル効果で、利益は激増し、ここから無借金経営まであっという間でした。その経緯については後述します。

日本のバブル経済の破綻のきっかけは、１９８９（平成元）年からの日本銀行による公定歩合の段階的な引き上げと、１９９０（平成２）年春、大蔵省による「土地関連融資の抑制について」（総量規制）の通達といわれています。

それまでは蛇口を全開にして、市場にジャブジャブお金を流すことを認め、不動産の売買も野放し状態、あまりの価格高騰に水道の蛇口を急に閉めたのですから、たまったものではありません。

といっても、当初影響を受けたのは不動産業界や金融業界で、製造業はじめ小売りやサービス業などに影響が出るのは、だいぶ遅れてのことでした。

当時の景気変動は、今のように瞬時に世界中に波及するものではなく、数年がかりで変動しており、世界的に時間差がありました。

私が専務に就任した1989年の春は、まだ多くの業界がバブル景気に浮かれ、会社には仕事がどんどん舞い込んできていました。

大企業は、注文に製造が追いつかず、特に多くの下請けはたびたび納期遅れを起こし、下請け探しに悩んでいました。そのため、特に生産能力が高く、かつ品質では定評のある平鍛造には大きな期待がかかっていました。

こんな事情ですから、値上げの要請に抵抗なく応じてもらえただけでなく、値上げしたにもかかわらず、どんどん注文は増えていきました。狙い通り利益は上がり、平鍛造の経営は1991（平成3）年を境に改善していきました。皮肉にも、バブル崩壊の年が好転の年となりました。

〝経営というのは、1つの決断で、最悪にも最善にもつながる〟ということを、身に染みて感じた事柄でした（自己責任原則・トップ営業原則）。

借入金の返済も可能になり、自己資本比率は1990年の2・56％を底にV字回復を遂げ、その後、急速に回復していきました。

しかし、そのあと、業界はもちろん、日本中の景気が急激に冷え込んでいきます。

1991年になってバブル崩壊の影響が出始めたのです。

多くの企業が売り上げを落とし、資金繰りに追われるようになりました。以前ならば、それでも金融機関が助けてくれたでしょう。しかし、それも叶わなくなりました。

なにしろ金融機関自体が多くの不良債権（急落した土地や建物）を抱え、存続が危うくなっていたからです。多くの金融機関は保身のため、顧客に貸し出していた融資の回収に乗り出しました。貸し剝がしです。

これにより、危機に陥っていた企業はもちろん、なんとか持ちこたえていた企業でさえ、倒産してしまう事態に陥りました。

今から考えれば、1989年は値上げできるギリギリのタイミングだったのです。

強運でした。

この経験から、のちに私が強く主張することになるのが「第3章　現金最優先の原則」です。本書で紹介する10の原則の3番目に位置づけました。

また、値上げなどの重要な案件は、会社の営業トップとして実践してほしいという思いは、このときの経験から生まれました。これは、「第1章　ライバル分析の原則」や「第9章　トップ営業の原則」の章で詳しく述べています。

このように本書で展開していく10の原則は、すべて私の実体験から得られたものです。

平鍛造での経験は、専務時代だけでなく、父から解雇を宣言され3年間商社を設立して生計を立てていた頃や、もちろん、私が父親から会社を引き継ぎ、社長を務めていた時代も含みます。

次章から、10の原則を具体的にご紹介しましょう。

第１章

ライバル分析の原則

―競合を徹底調査し、自社の方向性を決める―

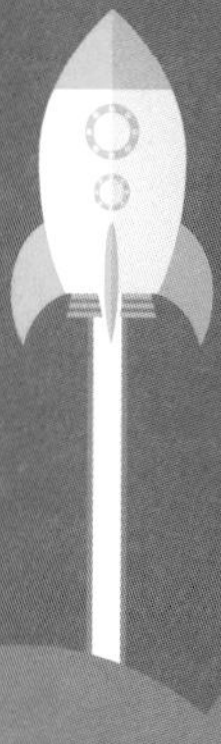

あなたの会社がやろうとしている事業、
ほかの企業が先行していないか？
提供するモノは世の中にないのか？
独りよがりの夢・アイデアだけでは、倒産です。
原則の第1は、全方向からのライバル分析です。

図表B

SWOT分析シート

この分析シートは、
特に自社のビジネスの現状を整理したい場面での
活用がおすすめです。

	プラス要因	マイナス要因
内部環境	**Strength（強み）** ○技術力 ○大手企業との取引実績 ○ノウハウを入れた製造機械 ○品質がよい ○固定資産がある	**Weakness（弱み）** ○１度会社を閉鎖した影響で仕事がない ○従業員退職人出不足 ○流動資金不足 ○機械が老朽化 ○固定資産がある
外部環境	**Opportunity（機会）** ○直接輸出していなかった ○世界の大手企業がコストダウンできるサプライヤーを探していた	**Threat（脅威）** ○リーマン・ショックで仕事がない ○円高

図表BのSWOT分析シートは、特に自社のビジネスの現状を整理したい場面での活用がおすすめですが、私は、常に時流とライバルにクローズアップして、要因分析を重ねていました。

ライバル企業を知り、自社を知る「SWOT分析」

「SWOT（スウォット）分析」とは、企業の競争力を、その「Strength（強み）」「Weakness（弱み）」「Opportunity（機会）」「Threat（脅威）」の4つの面から評価考察する方法です。

どんなこと（製品、サービスなど）が「Strength（強み）」なのか。得意とする事業、製品、サービスを指します。また、それを可能にしている人材や技術、資本力などのことです。

ライバルに勝てそうもない「Weakness（弱み）」は、弱点分野の事業（製品、サービスなど）、または、その原因となっているスケール不足や技術不足、資本力不足などを指します。

「Opportunity（機会）」とは、市場にどのようなチャンスがあるのか。政治や経済、社会情勢、トレンド、ライバル企業など、外部の動向によってできているニッチ、企業に有利に働いている要因のことです。

「Threat（脅威）」とは、市場にどのような障害があるのか。人口減少、市場の縮小、人手不足など、不利な情勢やトレンド、ライバル企業との過当競争など、マイナスに働いていることを指します。

私はいつもこのSWOT分析を念頭に自社を評価し、同時に、ライバル会社についても分析を行い、比較するようにしていました。**そして自社にはできて、ライバルができないことを見つけ、ライバルの間隙《かんげき》を突くのです。**

平鍛造の場合、「Strength」とはその圧倒的な技術力でした。直径4メートルまでの巨大な鍛造リングを誤差ミリ単位でつくる技術、大きな凸凹ができる技術は、世界中探しても平鍛造以外にはありませんでした。

「Weakness」とは、設備投資によって経営が脆弱《ぜいじゃく》になっていることでした。常に資

Sketches of My Life

直径4メートルまでの巨大な鍛造リングを誤差ミリ単位でつくる技術、大きな凸凹ができる技術は、世界中探しても平鍛造以外にはありませんでした。

金繰りに追われ、わずかな資金不足でも、倒産の危機にさらされる恐怖が常につきまとっていました。製造設備では、先頭を走るライバル企業に先手を取られ、製品の最大サイズや最大の重量では劣っていました。もう1つ、業界の中では社歴が短いことで、どうしても入り込めない客先があったことも「Weakness」といえるでしょう。

「Opportunity」とは、時代や情勢で変わるものですが、たとえば近年の傾向としては、地球温暖化の世界的な取り組みが、平鍛造にとって大きな「Opportunity」となっています。

石油に代表される化石燃料の使用削減が求められ、その代わり再生可能エネルギーの開発・使用が求められるようになりました。その代表的なものが風力発電です。直径50メートル前後から、大きなものでは200メートルにも及ぶブレード（羽）を抵抗なく回し続けるためには、巨大なベアリングが必要になります。

その鍛造リングに、特殊な凹凸をつける。そのような製品の製造は、平鍛造の最も得意とする分野でした。

一方、ロシアがウクライナに侵攻し、世界的なエネルギー不足が深刻になり始めると、石油採掘が見直され、SDGsとは逆行し、石油用パイプの継ぎ手用リングが求められています。

どちらも同じ鍛造品ですが、用途はまったく違います。そしてそれぞれの用途について平鍛造では「Opportunity」を見出せるわけです。

平鍛造にとって「Threat」とは、破格に安い価格で市場に入り込もうとしているライバル、中国企業の存在そして国内市場の縮小です。

前述のように平鍛造は設備投資にお金をかけ、精度も品質も高い製品づくりを行っていました。それを安く売れば利益になりません。しかし、中国の同業者は、中国国内の安い材料で鍛造品の製造を始めています。現実に大きな脅威です。

さて、みなさんも同じように自社とライバル企業について、ＳＷＯＴ分析をしてみてください。

比較すべき項目にもよりますが、自社の「Strength」がライバル企業の「Weakness」となり、ライバル企業の「Strength」が、自社の「Weakness」になっていることに気づかれるはずです。そして市場で勝ち残っていくには、市場に「Opportunity」を見出せる製品やサービスに力を入れればよいとわかるでしょう。

また、「Threat」による打撃を食い止めなければなりません。

私は多くの経営者と出会いますが、自社のライバル社がどこにいるのかさえわかっていない人が多く、驚きます。

ライバルのことをしっかり意識しているかどうかで、経営は決まります。当たり前のことをしっかりやっていない経営者が会社を倒産させてしまうのです。

ライバルについてしっかり考えると、意外にもライバルが多いことがわかるはずですが、業種ごとの分析が必要です。

分析をしていない会社では、先行している会社とまったく同じことを、規模が小さくスタートさせようとしています。これでは、市場に入った瞬間、秒殺されます。

私は、このことを一番心配しています。

後発、小規模、小資本、そして経営者の不勉強と無知によって、確実に失敗します。

SWOTの4つの面から自社とライバル企業を比較し、時流を読み切る努力をすれば、どこに力を入れ、何を克服すればよいのかが、より具体的に見えてくるのです。

たとえ先行のライバルが、大規模、大資本であっても、その企業の弱点やニッチを攻めるのです。

自社を知り、ライバル企業を知ること、かつ、外部要因をしっかり分析することで、自ずと自社がどのような方向に向かえばよいのか、明らかになるというわけです。

Point!

時流下でのライバル比較で、何をすべきなのかが、くっきり、明らかに！

異業種もライバル——ユニクロがイケアを研究

大学生に講演をしたときのことです。その中の1人は、月にディズニーランドを建設したい、だから宇宙産業の会社でインターンをしています、と言っていました。

私は、ライバルとなる3社をあげるようにと、アドバイスしました。おそらくイーロン・マスクのスペースX社は、ライバルにしてよいか躊躇するほど強力で先行している1社でしょう。米国には同じように宇宙開発に携わる会社がいくつかあります。また、日本にも月面探査を目指すispaceがあります。

スタートアップ時、これから始める事業について壮大な夢を見ているときも、また現実に会社を起こし、維持していかなければならなくなったときも、経営者として欠かせないのがライバル分析です。

同じ業界で目標とすべき3社を見つけ、徹底的に分析、ベンチマークするのです。場合によっては、違う業界の会社をベンチマークすべきかもしれません。

以前は業界の境がきれいに分かれ、業界の内部だけを見ていればよかったのですが、今はどんな業種がライバルになるのかわからない時代です。

たとえば銀行業。他業態からの銀行業への参入は、20年以上も前から始まっています。セブン銀行は2001（平成13）年（当時の商号はアイワイバンク銀行）、2007（平成19）年にはイオン銀行、2018（平成30）年にはローソン銀行が業務を開始しました。

電気や水道料金など公共料金の支払いは、かなり以前からコンビニの窓口でできるようになっています。最近は、スマホと電子マネーも普及し、スマホ1つで買い物（決済）ができるようにもなりました。財布に小銭を詰め込んで持ち歩く必要はなくなったのです。

一方、地方銀行や信用金庫のサービスはどうでしょうか？　もちろん地銀や信金には、地元の企業への融資という大事な仕事がありますが、心配な点が多いといえるでしょう。

２０２３（令和５）年４月、アップルは４％を超える利率で預金サービスを始めたと発表して、大きな注目を浴びました。日本へ上陸するかどうかはまだ不明ですが、超低金利が続いている日本の銀行は戦々恐々としているはずです。

ある日、あるとき、まったく違う業界の企業が、ライバルとして立ちはだかることもあり得るのです。業界内だけを注意していればよいという時代は終わりました。逆に広く業界の新業態に目を光らせ、参考にしていくことで、常識を超えた企画や事業を実現することが可能になります。

ユニクロを展開しているファーストリテイリングの会長兼ＣＥＯ・柳井正氏が参考にしたと語っているのが、スウェーデンで起業し、日本にも巨大な店舗を展開している家具販売のイケアです。

ユニクロでは、「RE.UNIQLO」として、ユニクロの衣料品のリサイクル、リユース、リデュースを始めていますが、これもまさにイケアの「家具買い取りサービス」をヒントにしたものです。

鍛造業界で一番最後に起業した父は、先行するライバルを分析

1978（昭和53）年、父は、私が平鍛造で働き始めたときから、「ライバル分析」をし、他社のベンチマークを常に意識していました。

思い返せば、私が子どものときから、常にライバルとなる他社を強く意識し、その会社の周囲をぐるぐる回って観察していました。覗いたら、こうだったとよく言っていました。

まだ私が子どもの頃、家には、部下や取引先が絶えず出入りしていました。ときには遠方から訪ねてくる大手企業のお客さまもいて、そんなときは家に泊まってもらい、

母が手料理でもてなし、私もお茶を出し、料理を運んでいました。そこで、自然に父たちの会話が耳に入ってきました。

鍛造屋Aは景気がいいらしい、鍛造屋Bは建機メーカーの仕事を取ったらしいなど、話題はもちろん注文のことです。どうすればもっと仕事が入るのか、注文を得られるのか。父にとって最大の関心事は常にそれでした。

同時に、あの会社はまた設備投資をするらしい、というような、ライバル会社の話題もたびたび出ていました。

あの会社の持っている加工機械と技術ならば、どの程度の製品を、どれほどの量生産できる、というように、父は、ライバル会社の能力をそこまで知っているのか、と思うほど詳しく情報収集していました。

情報収集にはお金をかけていました。帝国データバンクの決算情報は、定期で取っていました。下請け業者には、お金を渡しスパイのようなことをさせ、また、日本中の後工程会社へ出向き、自分の目でライバルの鍛造品を見て、精度を分析していました。

私は、小・中学生のときから、業界のさまざまな情報を耳にしていたのです。

そんなこともあり、私は、C社はこんな製品の製造が得意、D社はあんな製品の実績があるなどと、同業者のポジションを正確に把握するようになっていました。

同時に、父がなぜあれほど技術を磨くことにこだわっているのかも理解するようになりました。高い技術によって先行するライバルの仕事を奪うしか、後発は生きる道がなかったのです。そうして業界で1歩も2歩も抜きん出ようとしている父の強い意志をひしひしと感じていました。

ベンチマークという言葉すらなかった時代でしたが、父は、生き残る必要性から業界内の動向に常にアンテナを張り、情報収集をして自分なりに分析することを習慣にしていたのです。

このように「ライバル分析」は、私が物心ついたときから、経営者ならば当然行うものと理解し、社長になってからは、なんの違和感もなく、敵はどこの誰だと強烈に意識するようになっていました。

値上げの交渉でも役立った「ライバル分析」

私が平鍛造の専務になり、会社の営業の責任者になったとき、経営改善のため値上げに踏み切りました。その際、この「ライバル分析」が大いに役立ちました。

自社製品1つひとつの原価を正確に計算して、〝妥当な〟値上げ額を出したところまでは前章でお話ししましたが、取引先に向かう前に、もう1つやらなければならなかったのは、〝ライバル企業が、取引先にどのような製品を、いくらで供給しているのか〟を知ることでした。

いくら平鍛造にとって値上げが〝妥当な〟ものであっても、もし、同じような製品をライバル企業がより安く納品しているのであれば、取引先は平鍛造の値上げを簡単に認めるはずがありません。

価格だけではありません。コスト（Cost）に加え、品質（Quality）、そして納期（Delivery）――QCDについて、ライバル企業がどのような水準にあるのか。

値上げした上で、製品の品質がライバル企業よりも劣っているのであれば、話になりません。撃沈です。

値上げする以上、品質が高く、より短納期を約束し、値上げが〝妥当な〟ものであることを説明する必要があります。取引先から仕事がなくなるぞと脅されても、怖気づかないようにしておくのです。

猛然と反論してはいけません。相手が納得できるよう、説明ではなく理路整然とお願いするのです。そのためにもライバル企業の水準を徹底的に調べておく必要があります。

現実には、平鍛造とライバル企業のつくる製品がまったく同じではなく、簡単に比較はできませんでした。しかし、事前にライバル企業の製品を研究しておくことで、複雑な原価計算の仕組みをわかりやすく提示でき、信頼を得られるのに役立ったと思います。信頼関係を築いた上で、理路整然と理由を説明して値上げを申し出れば、納得してもらえる可能性はぐっと高くなります。

このときの交渉は、まだ日本はバブル経済の真っ只中だったため、大した抵抗もなく受け入れられました。しかし、簡単には受け入れられない難しい状況で、値上げの交渉に挑まなければならないときもあります。そんなときこそ、ライバル企業の動向も含めた念入りな調査をすれば、自信と確信をもって交渉に挑むことができます。

Point!

強みの分析で、客先のメリットをきっちり把握しておけば、困難な交渉も突破！

リーマン・ショックも円高も「ライバル分析」で勝ち抜く

話は、私が平鍛造の社長を承継した２００９（平成21）年に飛びます。前年秋にリーマン・ブラザーズが破綻し、そのショックは米国ばかりでなく、日本を含め世界中に広がっていました。

その当時は、父が会社を廃業すると言いだし、私は裁判を起こして父と戦い、かろうじて会社の廃業を食い止めた頃でした。

父の「廃業宣言」の影響で、仕事はすっかりなくなっていました。

それでも、なんとか取引先に仕事の回復をお願いしに回っていた最中の２０１１（平成23）年３月11日、東日本大震災が起こりました。

サプライチェーンが断絶され、日本経済は深い不況に陥りました。そればかりではなく、すぐに急激な円高を迎えたのです。

震災により日本全体が大きなダメージを受けたにもかかわらず、円の価値が上がるとは不思議なことですが、金融市場のメカニズムは複雑で、想定外のことが現実には起こるのです。震災のあった年の10月31日、１ドル75円32銭の史上最高値を記録、急激な円高になりました。

平鍛造の顧客である建設機械メーカーやベアリングメーカーは、１９９１（平成３）年のバブル崩壊以後、日本国内の消費が落ち込み、製品の海外輸出依存度が高くなっていました。さらに震災により一部の部品の生産ができなくなり、ただでさえ苦境に立たされていることに加え、超円高下で海外で製品が売れなくなってしまいました。

もちろんこれは、平鍛造にとっても大きな打撃でした。仕事が戻らない中、さらに、注文が激減すると予想できました。ある大手メーカーからは、入札で仕事が取れなくなる、と言われました。

ほかの取引先では、完成品も仕掛在庫も多く、現実には工場でいつ組み立てを再開できるのか、その目処さえ立っておらず、客先の工場の倉庫には、平鍛造がすでに納めた部品が、数カ月分、または数年分、山積みになっていました。

こんなことは、私の仕事人生でも初めてのことでした。目を疑いました。

計算してみると、組み立てのペースが3分の1に落ちれば、その在庫の部品は1年近く存在する計算になります。つまり向こう1年、平鍛造には部品の注文が入ってこなくなる、という意味です。1年間、または数年間、売り上げがゼロになってしまうのです。

これはどうしようもありません。平鍛造にとって最大の危機でした。

私は考えました。円高である以上、輸出に頼っている国内のどの企業も同じような事情であり、どこへ売り込んでも見込みは薄いでしょう。

苦しいときには、父の教えがあります。人のせいにするな！　何もかも自己責任だ。

そうだ！　国内での取引に頼るのではなく、海外、中でも鍛造品を部品として数多く取り扱っているシンガポールや中国のメーカーと直接、交渉すればいいのではないか――。

しかし、いったい、どうやって海外の企業を開拓すればよいのでしょう。現在の国内の取引先も、恒常的に注文を得られるようになるまで長い期間を要しました。そう簡単に海外取引を始められるのでしょうか。

ここで私のライバル企業への敏感なアンテナが有効に働きました。すでにシンガポールをはじめ海外へ製品を納めている国内のライバル企業の動向を徹底的に調べたのです。

まず、その同業者が具体的にどの海外メーカーと取引しているのか、社名を調べ、そこにどのような製品を納めているのか、その情報を必死に探りました。

商社を連れて、海外メーカーへ突撃しました。

納めている部品1つひとつについて、ライバル企業がいったいいくらで納めているのか。また、その部品の品質はどれほどのものなのか？　納期は？　と深掘りしてい

図表C

国内メーカーとの取引がダメなら
海外メーカーと直接取引！

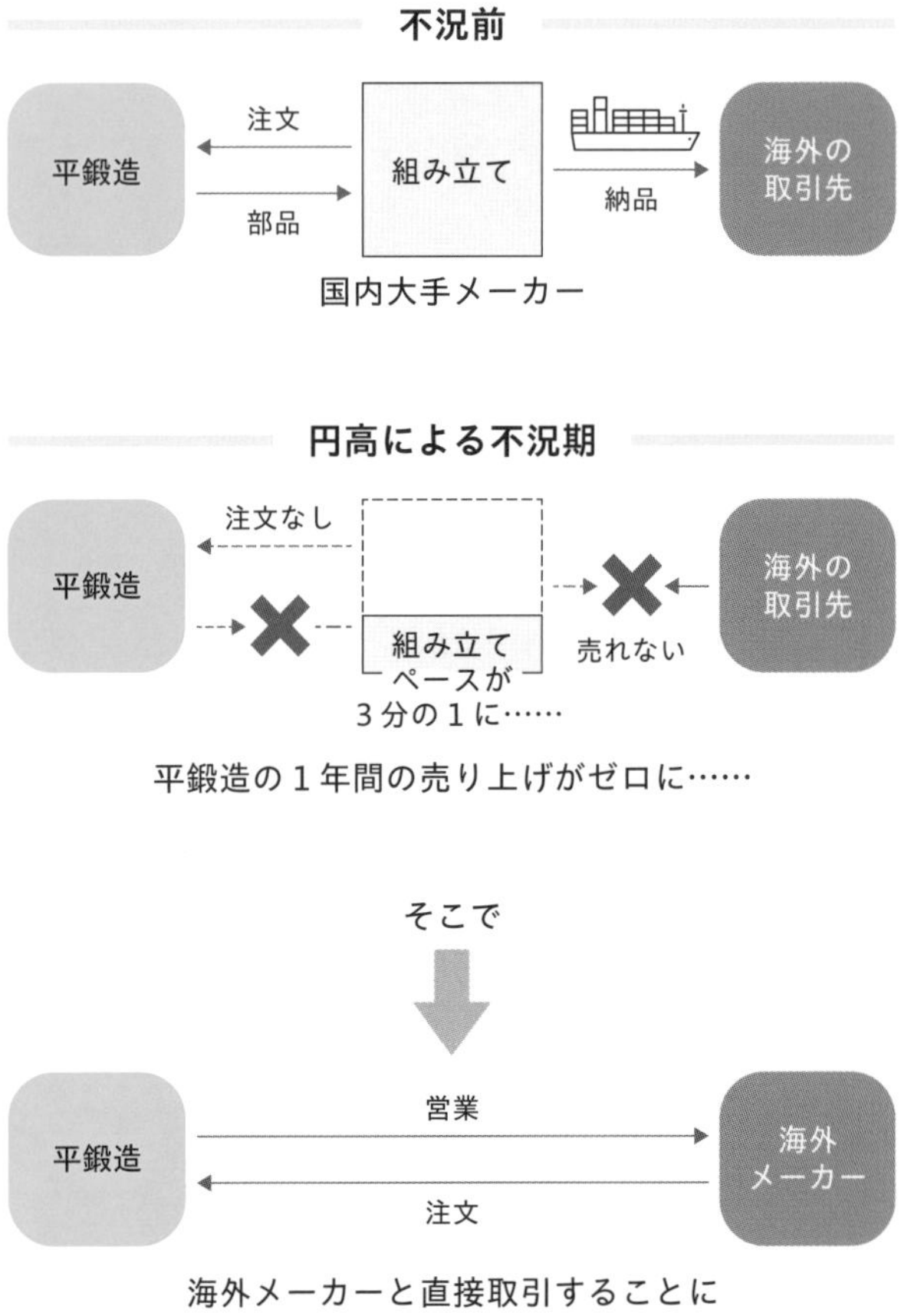

きました。

それらが見えてくると、高品質で低価格の製品を出せるよう、自社工場の設備と人員をにらみながら、徹底的にシミュレーションしてみました。


こうしてライバル企業よりも高品質、かつ低価格の見積もりを海外メーカーにぶつけました。まずは、シンガポールです。

挑んだかいはありました。

すぐに、シンガポールのメーカーで鍛造品の受注に成功しました。

運がいいとしか思えないような、絶好のタイミングでした。

その後も10戦10勝でした。シンガポールのメーカーは、第1に大量の注文を納期通りに納めることができ、次に高い品質の鍛造を製造できる我々を歓迎してくれたのです。

シンガポールの会社が日本のどの会社から買っているかは、あらかじめ調査済みで、しかもライバル会社の見積もりがいくらで、どの程度の品質のものを納めているのかについても把握していました。

Sketches of My Life

すでにシンガポールをはじめ海外へ製品を納めている国内のライバル企業の動向を徹底的に調べたのです。

要は、ライバル企業が出している製品よりも、ダントツに質が高く、価格が安ければ、先方にとって大きなメリットがあるわけです。それを冷静に説明すればいいわけです。

一方、中国では、中国地場の会社には全敗でした。

国の政策により、中国のメーカーは中国国内の部品メーカーと取引し、他国を寄せつけないのです。これればかりは、どうしようもありませんでした。

幸いにも、中国での惨敗の経験から、鍛造品の原料である鋼材価格を知ることができました。のちに、日本の経済が復活後、鋼材の価格が暴騰、しかも納期が間に合わない、挙げ句は製鋼メーカーに発注を断られたとき、中国で安くて質のよい原料を購入できたのは、このときの中国の鍛造会社のライバルの分析の成果だったのです。当時はライバル分析にもかかわらず負けましたが、このときに大いに貢献したのです。

リーマン・ショックと東日本大震災、そしてそれに伴う円高という、立て続けに起こった大変事は、平鍛造にとって「脅威」でした。

何もしなければ暗闇をさまよったまま抜け出せなかったでしょう。しかし、「ライバル分析」により、平鍛造はなんとか活路を見出すことができたのです。それは徹底

的な調査のおかげでした。

Point!

ライバルを徹底分析しておけば、新規営業でも冷静に交渉できる！

「平鍛造には全敗だった」と言わせたシンガポール開拓

新しい事業を始めようと考えている方や、すでに企業を経営している方にとっても、同業者に負けたくない、あるいは1歩も2歩も先を行きたいと思ったとき、「ライバル分析」は欠かせません。

ターゲットとするべき会社を3社あげてください。そして、事業内容や従業員数、資本金や事業所、工場、売り上げ、利益など会社の概要の基本的な情報はもちろん、その客先の情報も、できれば決算書、信用調査を手に入れて調べてください。

さらに、その企業がどの分野の製品やサービスに強いのか、あるいは弱いのか、この章の冒頭で紹介したＳＷＯＴ分析で自社と比較します。

これにより、私がシンガポール市場の開拓ができたように、新しい市場の開拓を可能にするだけでなく、自社をより客観的に見ることができるようになることで、中長期的な戦略を立てることにも役立ちます。

値上げにより、キャッシュがない「弱み」を克服することができたことは、すでにお伝えした通りです。

さらに、パッチワークの設備投資で徹底的にスピード化することで廉価版の製品ラインと、高付加価値の製品の、２ラインを整備しました。

利益率が悪いから、廉価品から撤退するという方針を出す会社は多くあります。そうすることでシェアが急落し、会社が立ち直れなくなることが多いのが現実です。

私の場合、廉価ラインで、世界一の品質の製品を世界一の安値で生産できるように

すれば、鬼に金棒、最強だと考え、徹底したノンストップ生産を編み出しました。

1時間当たりにできる鍛造品が世界一多ければ、世界一安くできることになります。ライバルを分析しているうちに、そのような発想も可能になりました。

廉価品だから付加価値がない、付加価値が少なければ切り捨てる、といったような単純な発想では、利益爆発など夢のまた夢で、会社を維持できるかどうかもわかりません。

「強み」である高い技術を活かし、ライバル企業にはできない高度な仕事をどこよりも安くできれば、向かうところ敵なしの存在になれるのです。

あなたの会社では、その「強み」によって、**ライバル企業にはできない仕事を創造することはできませんか？** また、その強みを求めている企業へビジネスを展開することが可能ではありませんか？ **これまでにはなかった市場を切り開くことはできませんか？ 自社の弱みは、強みに変えることはできませんか？** これらの可能性は、「ライバル分析」によって得られた情報の中に必ずあるはずです。

ライバル会社を知り、自社を知り、市場を知れば、もう怖いものはありません。あとはひたすら狙いを定め、営業をかけ、仕事を取り、製造現場を見直すのです。

後日聞いた話ですが、私が次々とシンガポールのメーカーとの取引を始め、順調に売り上げを伸ばしていく様子を見て、日本国内のライバル企業は、「シンガポール市場の日本企業は、平鍛造に全敗だった」と嘆いたそうです。この成果は、徹底的な「ライバル分析」のおかげです。

〝ライバルを叩きのめす〟のがビジネスです。

Point!

自社だけでなくライバル企業も
SWOT分析すれば怖いものなし！

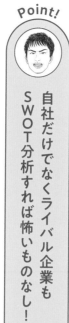

イチオシ

ライバル分析のカリスマ経営者

柳井　正

【やない ただし】

業種と国境を超えて常に研鑽する経営者たち

新しいビジネスがどんどん生まれている現在、思いもかけない異業種がライバルとなることは珍しくありません。

優れた経営者はそのことを常に強く意識し、業界の内外に広く目を光らせることで、業界を超え、業界の枠に囚われず、斬新な企画や事業を実現しています。

衣料品販売の小売店、ユニクロを展開しているファーストリテイリングの代表取締役会長兼CEOの柳井正氏もその１人です。日本一の資産家と称される柳井氏のアンテナは日本一です。常に貪欲にすべての情報をPDCA実践しています。たとえばユニクロでは自社で販売した衣服のリサイクルを始めました。今はそれをさらに進めて、衣服の修理・リメイクの「RE.UNIQLO STUDIO」をSDGsの先進国イギリスで開始し、アメリカ、シンガポール、スペイン、台湾、中国、ドイツ、マレーシアに広げ、2022年秋からは日本の店舗でも始めています。これは世界最大の家具量販店イケアの「家具買い取りサービス」が大きなヒントになっています。

イケアは、家の中の部屋をそのまま再現した売り場が特徴で、柳井氏は、ある雑誌の記事の中で、「ライフスタイルをつくり提供しているところ」が、ファーストリテイリングとイケアの共通点だと気づき、以来、「イケアを参考にしている」と語っています。

一方、イケアの日本法人社長のヘレン・フォン・ライス氏も、柳井氏とイケア創業者のイングヴァル・カンプラード氏は、２人とも「世界をよりよい場所へ変えたいと思っている」という共通点があると述べています。このように優れた経営者は、業種や国の違いを超えて切磋琢磨し合っているのです。

第2章

3分割の原則

――何事もリスク分散は「3」で！　生き残る――

リスク分散は、企業の大原則。
先人が、いかに危機を乗り越え、
小さな会社を上場企業にしたのか？
どう礎を築いたのか？
実は「3」という数字が、
絶対に倒産させないキーナンバーです。

事業は3業種、客先も3社

1業種の仕事ばかり、1社の仕事だけをしていては、もし、それが必要ではなくなったとき、すべての仕事を失ってしまいます。

たとえば、取引先が不祥事で業務停止になったら、エンジン自動車がEVになったら……。

市場の変化で、仕事がなくなることもあります。1業種しか取引先がなければ、売り上げはゼロ。借入金や支払手形があれば、即倒産です。

同じ仕事ばかりのリスクは、ほかにもあります。

父は、平鍛造を創業する以前にも、東京で会社を起ち上げていました。当時から高い技術と生産性を追求していたその会社では、注文が増える一方でした。

しかし、ある日、パタリと仕事が入ってこなくなりました。業界は活況そのもの、同業者を見ても順調に仕事が入ってきています。いつも仕事を出してくれている発注元を訪ねると、その社長は「お前が会社を出ていけば、仕事を出してやる」と驚くべきことを口にしました。

乗っ取りです。1社取引で借り入れが多い場合には、この乗っ取りの確率が高いのです。

父の会社は、その発注元を通して仕事を得ていました。つまり孫請けだったのです。大手との直接のルートはありませんでした。そこにつけ込まれ、会社の乗っ取りを謀られたのです。

平成の時代になってからも、大手による何社もの中小企業の乗っ取りを目の当たりにしました。

父の会社のような、1つの発注先としか取引をしていないような会社では、乗っ取りという思わぬリスクが生じてしまうのです。

当然、30代そこその若い父は、その裏切り行為を許せず、暴力沙汰を起こして、結局は自分の会社を手放さざるを得なくなりました。

故郷の石川県羽咋市に背水の陣で戻り、再び会社を起ち上げました。東京での教訓を活かし、そのあとは決して1社に偏った仕事をすることはありませんでした。

図表D

取引先1社だけとの仕事では思わぬ落とし穴にはまる

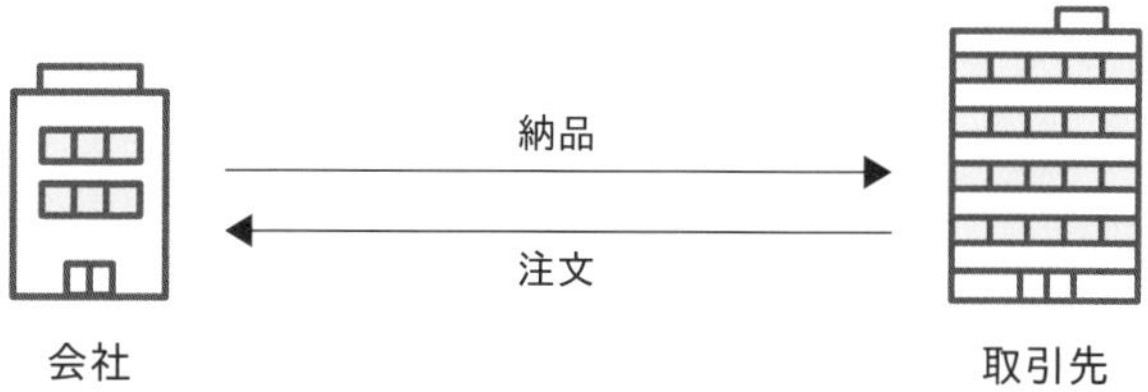

注文がひっきりなしにあるときは
問題ないものの……

何かをきっかけに注文がゼロになると、
会社存続の危機に……

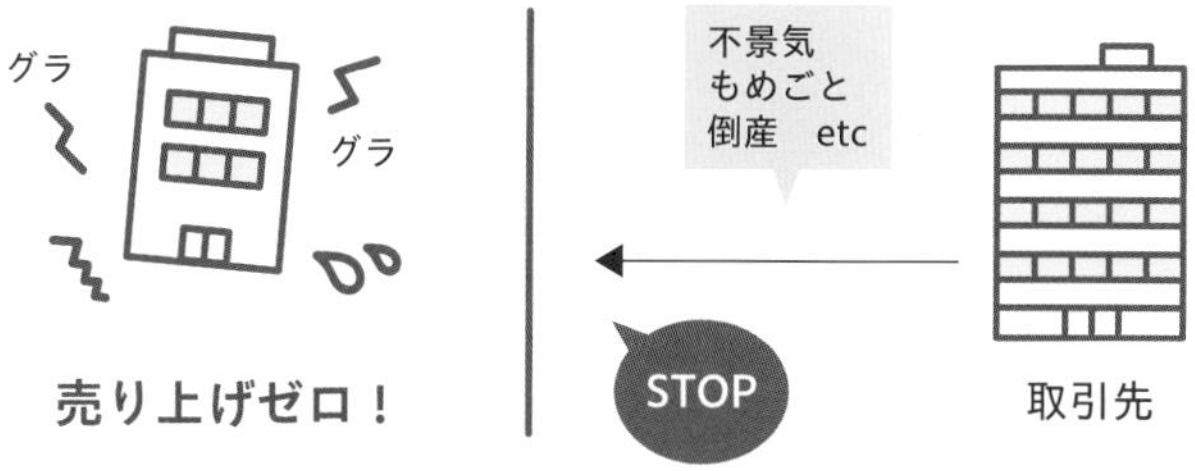

孫請けの辛さと危険が身に染みたようです。そして、日本を代表する建設機械メーカー、ベアリングメーカーなどに営業をかけ、直接、大手と取引することにしました。といっても、地方の創業間もない中小企業が大手と取引するなど、当時は(今も)考えられません。並大抵の努力そして苦労ではなかったと想像しますが、実現させました。日本が、つくれば売れる高度成長時代に突入していたという追い風もあったと思います。

こうして1社に偏らず、しかも大手上場会社と直接取引するという方針は、平鍛造にその後もずっと引き継がれてきました。

１９８９(平成元)年、私が専務になったときも、また、その後２００９(平成21)年、私が父から会社を引き継いで社長になったあとも、この取引実績が平鍛造の基礎・根底になりました。

この教訓は、どのような会社でも当てはまります。業界・分野で事情は若干異なるでしょうが、会社の事業は、３分野かつ３社以上にリスク分散すべきです。

それを表したのが、図表Eの３分割シートです。

どの製品も、平鍛造が製造しているリングです。

同じリングといっても、直径50センチで30キロほどの製品から、直径4メートル以上7トンもある大型リングまであるのですが、いずれも高品質・高精度の製品です。

しかし、同じリングでも、用途と客先がまったく異なるのです。

同じものを製造しているが、用途が異なる業界はないでしょうか？
同じようなサービスで、同じ従業員で、できることはないでしょうか？
その上、その用途で、３社以上の取引先を探せませんか？

１つはベアリング用リング、もう１つは建設機械部品としてのリング、３つ目は石油パイプをつなぐための継ぎ手用部品となるリングです。

納品先も、ベアリングメーカー、建設機械メーカー、石油掘削用パイプメーカーと分かれます。

同じリングですが、こうしていくつかの分野にわたる仕事をしていれば、１つの分野がなんらかの原因で落ち込んだとしても、残りの分野でなんとかやっていくことができるでしょう。荒波から守ってくれます。

図表E

3分割シート

**平鍛造：
3つの収入**

1	鍛造製品の製造
2	太陽光発電事業
3	スクラップ

**鍛造製品の製造：
3つの内容**

1	ベアリング用（小ロット品不定期）
2	建設機械用（量産品・毎月注文）
3	石油継ぎ手用（スポット案件）

**ベアリング用鍛造品の
3つの客先**

1	NTN
2	NSK
3	ジェイテクト

**建設機械用鍛造品の
3つの客先**

1	CAT
2	コマツ
3	日立建機

**石油継ぎ手用鍛造品の
3つの客先**

1	日本製鉄
2	OMS
3	OILSTATS

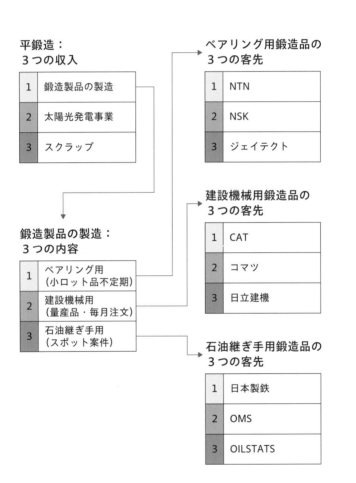

たとえば、温暖化対策やSDGsの影響により、近年のエネルギー開発は、風力発電などの再生可能なエネルギーの分野に重点が移り、石油パイプの継ぎ手のリングの製造は、ごく最近まで年々減少傾向にありました。

原油採掘をする際、1万メートルほども地中深くにパイプを埋め込んでいきます。1本数10メートルのパイプをネジでつなぎ、原油層まで掘る作業を続けていきます。この継ぎ手リングを平鍛造がつくっているのですが、ここ数年のSGDsの影響で、減少傾向は明白でした。

ところが2022（令和4）年2月のロシアによるウクライナ侵攻によって、この継ぎ手リングの製造の注文が再び激増しているようです。この戦争によりエネルギー不足が深刻となり、代替エネルギーだけでは賄えなくなり、原油の採掘が増加したのです。

状況は刻々と変化します。最近の変化も強烈です。

分野によっては、落ち込む時期や落ち込み方に差が生じるものの、3分野3社取引を実践すればなんとかなります。1つの分野が不調になったとしても、残りの2つがまだなんとか持ちこたえている間に、なんらかの手を打つことはできるのです。

分野が違えば、注文の増減の波長は、まったく同じにはなりません。

また同じ業界でも客先が違えば、苦境時こそ強い会社が仕事を取ります。

私は平鍛造で、このようにリングの製造を意識的に3分野に分散営業しました。念には念を入れて、太陽光発電事業も始めました（太陽光発電を始めたいきさつについては「第3章　現金最優先の原則」で詳しく述べます）。

鉄スクラップは、製品の派生材ですが、即、現金化できる重要な販売物です。特に近年は資源の再利用が活況となり、相場も高騰しています。取引は、慣習的に現金引換えですので、現金最優先原則にも該当します。

平鍛造の場合、分野を分ければ、取引先も異なりましたが、業界によってはそうならないこともあるでしょう。いくつかの分野の仕事をしたとしても、1つの企業と付き合い続けるような場合です。そのときは、意識して取引先も最低3社以上にすべきです。

しかし、多ければ多いほどよい、というわけでもありません。多くなれば、管理費用もまた増加します。また、多くの分野に対応するため、営業コストもかかりすぎてしまうかもしれません。1社ごとに営業費用がかかりますから、取引量が小さければ、相対的に負担は大きくなり、利益率が悪くなります。

また、取引先が増えれば、その中には倒産リスクのある会社も出てくるかもしれません。貸倒引当金《かしだおれひきあてきん》を計上しておく必要も出てきます。

平鍛造の場合、建設機械、ベアリング、石油パイプの継ぎ手という3分野に分かれていても、同じリング製造ですから、当然、製造技術は共通です。大幅なコスト増になることはありませんでした。

分野を増やすために、コストも大幅にアップせざるを得ないならば、増やす分野そのものに熟慮が必要です。そこは、考えて、考えて、考え抜きましょう。

Point!

業界3分野、取引先3社以上で、経営リスクを軽減！

モンベルも3段階で夢を実現

さてもう1つ、大きな夢を実現できるまでには、現金をつなぐ必要に迫られます。**創業からすぐに現金を稼げる商品・サービスを考えるべきです。そうでなければ、即、取引が可能な分野を探しておくべきです。**

日本の登山用品販売のパイオニア、モンベルを創業した辰野勇会長は、子どもの頃から登山が大好き、大人になって登山に関連したビジネスをしたいとモンベルを起ち上げました。

しかし、当時の日本は登山用品製造の事業が成り立つ時代ではありませんでした。しかも、無名の会社の登山用品を買ってくれる人はいません。アイデアは豊富でしたが、それを形にする資金もありませんでした。

そこで最初の1年は、知り合いの紹介で、登山用の丈夫な生地で、スーパーのショッピングバッグの製造に携わりました。辰野社長が登山用に惚れ込んだフランスの素材を仕入れ、あちこちを駆けずり回って縫製工場を探して製造し、初年度に

1億6000万円を売り上げました。辰野社長が惚れ込んだ、登山に耐えうるその生地が奥様方にも受けたのです。

つまり、登山用素材がほかの業界で使えただけでなく、予想外にヒットしたのです。それを元手に、創業の志である登山用品の第1号、寝袋をつくりました。かねてからのアイデアであった新素材を用いた、軽くて保温性の高い寝袋は、たちまち人気を博し、モンベルの名が知られるようになっていきました。

辰野会長の自らの体験からの登山用生地を選ぶ慧眼《けいがん》と、こういうものが登山では必要だという夢や強い思いが、ショッピングバッグという、意外な商品を生み出しました。その後、この登山用品の生地を利用したショッピングバックと次の寝袋により得られた現金収入で土台を固めながら、本格的登山用品を数々出していったのです。

スタートアップの経営者には、まずは、即注文につながり、現金を得られる事業を探すことを厭《いと》わないことを強く意識してほしいのです。

平鍛造も同様です。1段階目である孫請けの立場から、2段階目の直接取引を開始し、過酷な競争をくぐり抜けて、高い技術を武器にした3段階目でやっと提案営業へ……。この3段階を経て、ようやく平鍛造は、創業当時に父が思い描いた高度な技術を引っさげて世界的な企業へと成長することができたのです。

夢や壮大な構想があっての起業ですが、倒産させては元も子もないと肝に銘じてほしいのです。辛抱です。考えて、考えて、考え抜いてください。

夢を実現する事業ばかりを追い求めていることに気づいたとき、ファンドで得た資金はショートしてしまいます。

リスク回避のために、取引先をそれぞれ3つ以上持つ。その上で、夢の実現のために、**すぐに稼げる事業、夢を実現する事業、その間をつなぐ事業**の3分野にする。

このように、「3分割原則」を**スタートアップ時から心がけて取り組むべきです。**

そうすることで、長期的な視野を持ちつつ、健全な経営が可能になり、本当に夢を現実にすることができるのです。

Point!

夢を実現する事業だけに執着せず、すぐに稼げる事業を優先して考えておく！

Sketches of
My Life

3段階を経て、ようやく平鍛造は、創業当時に父が思い描いた高度な技術を引っさげて世界的な企業へと成長することができたのです。

現金も「3分割の原則」

さて、平鍛造では、「3分割の原則」を報酬にも当てはめました。平鍛造では、年間3回のボーナスで、できるだけ早期に従業員へ利益を還元していました。

利益の総額の約3分の1を従業員に還元し、3分の1は次の設備投資に、残りの3分の1を内部留保としました。

「従業員への報酬」、「設備投資」、「内部留保」の「3分割の原則」です。

利益を報酬と結びつけたのは、従業員の働きに対してできるだけ還元したかったからです。

これにより、従業員は自分たちの仕事が会社の業績に直結していることを実感でき、やりがいと責任をもって、多能工・資格取得にもチャレンジしてくれ、利益爆発の会社にすることができました。

また、生産効率のアップのためには、新しい設備を入れることが不可欠になります。利益が出れば、従業員の報酬とともに、次の設備投資に3分の1を当てました。

利益が出るのは、売り上げが上がったときや、仕事増のときだけではありません。仕事が少なくても、製造現場の改善によって生産効率が向上したときこそ、利益は上がります。

「第4章　アップデートの原則」と「第5章　スピードの原則」で詳しく触れますが、平鍛造では、時間短縮、人手改善・工数改善に取り組み、製造現場も事務所も全社で全力で取り組みました。

改善がどの程度効果を上げているのか、常に数値で把握し、PDCAを回し続けたことで、改善はより的確に、より効果的なものになり、より大きな利益を上げる、という結果を得られたのです。

やればやるほど改善の効果は上がり、利益も出て、ボーナスも年3回でタイムリーに還元し、その後、給料も上げました。それにより、従業員の仕事へのモチベーションは上がり、社内全体に意欲に満ちた雰囲気が醸成されるようになりました。皆、生き生きとしていました。

図表F

平鍛造の「利益3分割」

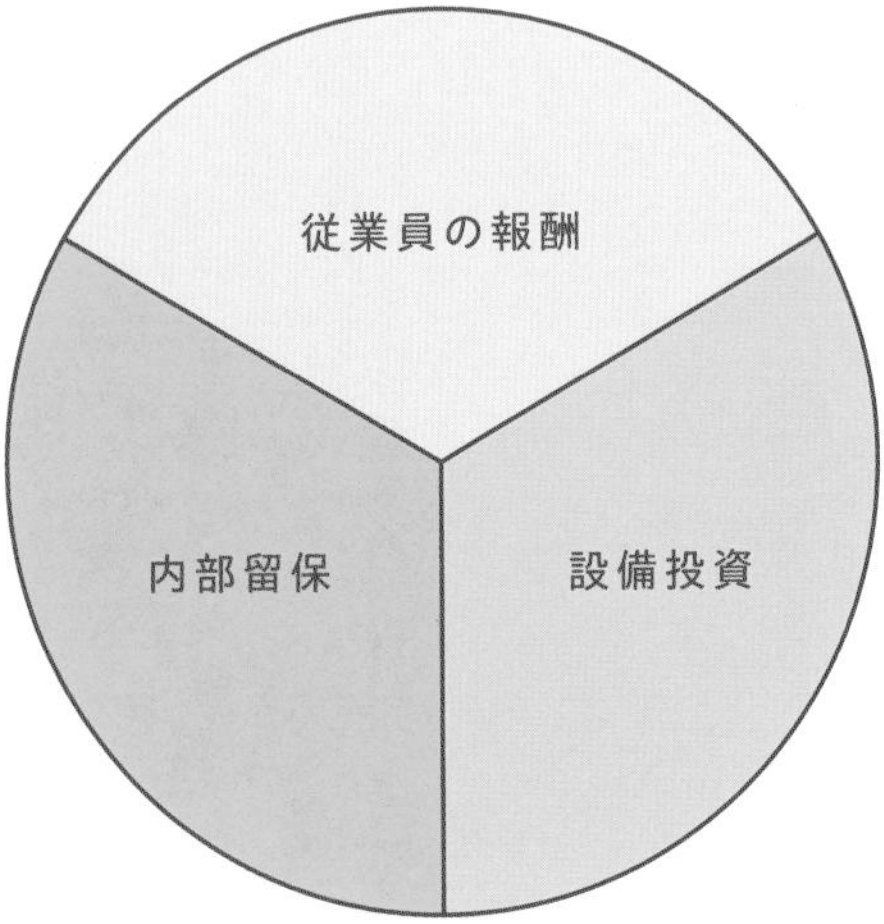

利益を

「従業員の報酬」
「設備投資」
「内部留保」

の3分の1ずつ分ける

次々と改善が進み、さらに利益もモチベーションも報酬も上がっていく。プラスのスパイラルに乗って、生産効率も利益も給料もモチベーションも、上がり続けるサイクルができ上がったのです。

実際、平鍛造の給与水準はどんどん向上し、最終的に私が社長を引退した２０２１（令和３）年６月時点では、約80人の従業員の平均年収は６６０万円にまで上げることができました。これは石川県の平均年収の約２倍の水準です。また、幹部は１０００万円以上、高卒の新入社員でも年収は３００万円以上にすることができました。

もちろん、現実には改善を進める上で、１つひとつに多くの問題が生じました。高いハードルが立ちはだかったこともあります。

改善、モチベーションアップ、給料増加という、プラスのスパイラルも当然、簡単なものではなく、試行錯誤しながら「教育」にも力を入れ、全社的な能力アップを図っていく必要があったのです。それらについては、「第４章　アップデートの原則」と「第５章　スピードの原則」で詳しく触れていきます。

飲食業はコロナ禍から復活も「3」を

「3分割原則」で生き残ることができた事例は、ごく身近でも見つけることができます。

たとえば新型コロナウイルスの蔓延は、あらゆる業種に打撃を与えましたが、中でも顕著だったのが飲食業でしょう。

感染予防のために「密」を避けるべきだと、宴会はもちろん、人が集まること自体が禁止され、店の営業そのものの自粛が求められる散々な状況で、お気の毒としか言いようのない事態でした。しかし、このような窮地にあって、素早く新しい〝業態〟を採り入れる動きも見られました。

その1つがテイクアウトです。

店に人を呼び込むことが難しいのであれば、いつものメニューを容器に入れて販売、加えてテイクアウト用の新メニューを考え、「密」を避けて料理を届けられる仕組みを考えたのです。ドライブスルーの店舗には、多くの車が列をなしていました。

通信販売の例もあります。

テイクアウトをさらに進化させ、お店の料理をネットで販売して配送する新たな業態にまで手を広げた店がありました。テレワークが推奨されて、多くの人が家の中にとどまらなければならなかったこと、また、Uber Eatsのようなスマホで簡単に注文できる仕組みが、同時に普及したことも追い風になりました。

いつもの料理をそのまま提供するのではなく、さらに1歩踏み込んで工夫したところも目立ちました。

自分の店の料理をレトルトに加工して販売した店があります。通常の店の営業だけならば、顧客は限られた範囲にとどまりますが、レトルトにすれば消費期限はぐっと伸び、全国配送が可能になります。また、焼き鳥店が、冷凍した肉と焼き鳥器をセットにして通信販売したところ、大ヒットした例はよく知られています。

いずれも、従来の店内で食べてもらう飲食業の形態にこだわらず、料理を運ぶ手段や、料理の素材や調理手段までも掘り下げて考え、まったく別の料理の提供方法を生み出したのです。

業態を「3分野」にして危機を乗り越えただけでなく、まったく新しい需要と市場

を開拓したといえるでしょう。

２０２３（令和５）年春、新型コロナの蔓延に一区切りがついたことで、従来の店内での飲食が再開され、活況を呈しているようです。それに伴い、新しい業態、サービスをやめたところもまた多いようですが、せっかく始めた新しい業態を、この際、大事に育ててもよいのではないでしょうか。

テイクアウトや通販には多くの可能性があります。店内での提供と大きく違うのが利益率です。

うどん専門の丸亀製麺は、コロナ禍の２０２０（令和２）年５月に新たにテイクアウトを始めました。その後、マスクの着用が任意となり、経済活動も再開された２０２３年の５月には、「丸亀シェイクうどん」という、うどんを振って食べるテイクアウト商品を発売し、大きな注目を集めました。

店内で食べてもらう従来の形ならば、どれほど顧客が来るのか予想して材料を仕入れたり、下ごしらえをしたりする必要があります。そして余裕を持って提供するためには、多少の廃棄は致し方ありません。予想が大きく外れれば、廃棄量もまた多くなります。

しかし、レトルトなど保存の利く形での通販ならば、廃棄せずに済みます。注文を受けたあとにつくって配送すれば、廃棄は出ません。利益率は上がって当然です。新型コロナの変種だけでなく、新たな感染症が蔓延し、かつての厳重な感染防止策が復活しないとも限りません。**あらゆる事態に備え、普段から事業も「3分割」で考えることは、ビジネスとして当然のことでしょう。利益率を向上させられるという大きなメリットがあるのであれば、なおさらしっかりと取り組むべきです。喉元過ぎても、絶対、熱さを忘れてはならないのです。**

農業も2年で3作の方針で

さて、「3分割の原則」の身近な例としては、農業も考えられます。2022(令和4)年2月、ロシアによるウクライナ侵攻が始まったことで、ロシア、ウクライナの穀倉地帯から小麦を輸入することが難しくなりました。

遠く離れた日本であっても、小麦そのものはもちろん、小麦を原料にしたパンや麺類が大幅に値上がりしました。また、同じく穀倉地帯から輸入されていた家畜の餌となる雑穀類も入ってこなくなったため、飼料も高騰し、国産の肉類はもちろん、輸入肉も値上がりしました。

ロシアが石油や天然ガスを政治的な駆け引きの道具に使っているせいか、エネルギー関連の値上げも激しく、多くの商品価格も軒並み上がっているのですが、一方で、日本国内で栽培している米の値段が下がっているという現象が起きています。

日本では、広大な土地のある米国やロシアのような大規模農業はできません。そのため、農作物は輸入品とのコスト競争に太刀打ちできませんでしたが、人手不足であっても機械化によって問題なく栽培できる、「2年3作」の米・麦・大豆にチャンスが出てきています。

日本で消費される麦や大豆の多くは海外から輸入されていて、自給率の低さが大問題となっています。また、国内での価格も高騰しているため、国内の農業関係者にとっては、大きなチャンスとして注目されています。

2年3作では、稲作をして米を収穫した田んぼを秋には畑に変えて麦を育てる、あるいは雑穀を育てる。そしてその次には大豆をつくる、というように、2年かけて最低3つの作物を育て収穫します。

農業の「3分割原則」です。

その先には農業を企業化するという大きな事業も控えており、現実にそれを成し遂げた事例も耳にしますが、相当難しいことも事実です。

とりあえずは、持続可能な農業を実現することを目標に、農業にもこの「3分割原則」を採り入れることが急務です。


Point!

会社の利益を給与に反映させると、従業員のやる気と業績に好影響！

イチオシ

3分割のカリスマ経営者

イーロン・マスク

【Elon Reeve Musk】

火星移住という途方もない夢も、「3分割」で実現

スペースXにテスラ、最近はツイッター買収が話題になりましたが、いったいイーロン・マスク氏は何がしたいのでしょう？

マスク氏の事業展開も「3分割原則」で考えれば納得できます。

マスク氏が最初に起業したのは、インターネットでシティガイドを行う会社でした。PayPalという、誰もが知っているオンライン金融サービスと電子メール決済会社も共同設立しますが、いずれも彼のプログラミングの腕を活かしたものでした。

2002年、3つ目の起業として設立したのがスペースX社でした。地球が滅んでも人類が生き残るために、ほかの惑星を行き来できるようにしたいと、火星への移住を目標(これは子どもの頃からの真の夢)に掲げました。途方もない夢のようですが、民間企業として独自ロケットを次々と開発し、2020年には有人宇宙船も打ち上げ、国際宇宙ステーションへのドッキングにも成功しました。宇宙事業が着々と進められたのは、他事業で成した財産があればこそですが、もう1つ、その間をつなぐ事業も大いに貢献しています。

その1つがスターリンクです。インターネットで世界中の情報が得られるのは、各大陸がケーブルで結ばれているからですが、ケーブルが届かないエリアでは、インターネットを使うことができません。そこで、地球の周りに1万以上の衛星を配置して電波を中継し、地上の小型受送信機でやりとりするのがこの会社です。そして、それを支えた事業が電気自動車のテスラです。地球環境の危機にEVは不可欠と考えてテスラを買収。世界一のEV企業に育てました。

マスク氏にとっては、スターリンクもテスラも、人類の火星移住という大きな夢を実現するための事業でもあるわけです。

第3章

現金最優先の原則

―増収増益の魔力に惑わされるな！―

利益を気にしすぎると、現金は残せません。
なぜ、利益が出ていても現金がないのか？
投資資金が底を尽き、気づいたときには、経営危機に……。
利益とは何か？
現金を残す方法は、
よい利益と、悪い利益があることを理解すること。

利益に囚われると貯まらない。何よりも現金を見る

「現金最優先なんてわかっているよ」――そうおっしゃる方は多いでしょう。ところが、現金有り高よりも、利益だけを見ている経営者が圧倒的に多いのが現実です。

特に、スタートアップ起業では、投資してもらった資金がなぜかあっという間になくなっていて、気づいたら倒産……というのがよくあるパターンです。

トヨタが、コロナ禍の2020（令和2）年3月、三菱UFJ銀行と三井住友銀行に1兆円の融資枠を要請したニュースを、覚えているでしょうか？　世界のトップ企業でも現金を重視していることで、話題になったニュースです。トヨタともあろう大企業が、現金確保に素早く動いたのには、過去に苦い経験があるからです。

企業は、いざというときにすぐに現金化できる流動資産がなければ、倒産です。

帳簿上で利益が出ていても、追い込まれた中小企業に資金を融通してくれる金融機関はありません。そのため、政府が金融機関にゼロ金利融資制度を発動したのです。

万が一、倒産という事態にでもなれば、モノを購入している業者からはもちろん、仕事を失った従業員からも責め立てられるでしょう。債権者からの取り立てのために、担保に入れていた全財産は、失います。

左にある「現預金内訳表」は、2019（令和元）年5月末時点での平鍛造の現預金の内訳表です。当座預金として3口座、普通預金として5口座に分けて、36億円預金しています。

2009（平成21）年、私が会社承継したとき、創業者の父に60億円支払ったため、資金繰り融資を3行に依頼しましたが、断られました。その会社が、2019年、つまり**10年で現金を36億円貯めたのです**。これだけの現金があれば、多少の変動には持ちこたえることができます。もちろん、融資を断られてから、ずっと無借金です。

序章でも記した通り、1969（昭和44）年の創業から約20年間、父は、多額の借金で設備投資をし、何度も倒産の危機に遭遇しました。

それ以前、東京で1家4人が暮らしていた頃は、さらにひどい有様でした。

図表G

現預金内訳表

至 令和1年5月31日

平鍛造株式会社

PAGE:1
印刷日付：令和1年5月31日
（単位：円）

科目名	繰越残高	借方	貸方	残高
現金	2,238,003	527,309	522,456	2,242,856
現金計	2,238,003	527,309	522,456	2,242,856
当座預金	3,146,508,779	556,510,027	549,025,047	3,153,993,759
北陸 羽咋	9,546,231	64,371,354	64,209,493	9,708,092
UFJ金沢	2,844,228,259	151,592,297	246,821,692	2,748,998,864
北国 羽咋	292,734,289	340,546,376	237,993,862	395,286,803
普通預金	253,265,897	0	19,180,948	234,084,949
北陸羽咋	75	0	0	75
北国羽咋	119,788,650	0	19,180,948	100,607,702
JAはくい（平農林）	127,818,769	0	0	127,818,769
北國羽咋（平農林）	2,760,013	0	0	2,760,013
北陸羽咋（平農林）	2,898,390	0	0	2,898,390
納税準備預金	2,404	0	0	2,404
出資予約預金	3,227	0	0	3,227
外貨預金	218,366,812	11,503,643	548,750	229,321,705
預金計	3,618,147,119	568,013,670	568,754,745	3,617,406,044
現金預金計	3,620,385,122	568,540,979	569,277,201	3,619,648,900

まだ小学生だった私も、父の会社はいつ倒産してもおかしくはない、うちもいつかは夜逃げしなければならないかもしれない――子ども心に、いつもそんな不安を感じていました。

そして私が小学校6年生になった頃、悪い予感は当たりました。父は東京で独立し、自身で会社を経営していましたが、乗っ取り騒ぎがあり、しばらく家へ帰ってくることができなくなりました。すると、従業員たちが給料を払えと家にまで押しかけるようになったのです。

母と弟と私の3人は、家の照明を消し、布団をかぶってじっと息を殺して、彼らが立ち去るのを待ちました……。

起業当時の父には経営の知識は浅く、それでいて先のことばかり考え、足下の経営を固めるようなことはしなかったのです。

人を疑うこともなく、そこにつけ込まれて乗っ取りを謀られると、暴力事件を起こし、しばらく留置所に入れられました。そのため家と会社を不在にしなければならなくなり、会社はたちまち立ち行かなくなりました。従業員の給料のための現金も、まったくなくなってしまったのです。

Sketches of
My Life

母と弟と私の3人は、家の照明を消し、布団をかぶってじっと息を殺して、彼らが立ち去るのを待ちました……。

経営において、一番大事なのが現金です。また、相続・事業承継のための納税にも、現金は必須です。

どんなに価値のある土地や株を相続したとしても、現金がなければ、税金を納めることができません。

〝経営の目的は利益〟と考えている経営者が多いのは当たり前です。しかし、利益を出すことばかりに囚われすぎると、案外現金は貯まりません。借金も返済できません。

現実には利益と現金はまったく別のものと考えていてもいいくらいなのです。

利益って、なんなのか？　突き詰めて考えたことはありますか。

私は、逆に帳簿上、あえて利益を出さず、手元に現金を残すようにしてきました。

この方法は、６章の「設備投資の原則」で詳述します。

会社を承継した直後、経営の目的を、利益を出すことではなく、現金を貯めることにしたのです。現金があれば、従業員の給与を心配なく支払える、と考えたからです。

しかし、「(帳簿上) 利益が出ていない」のに「手元に現金」を残せるとは、いったいどういうことなのでしょうか。

図表H

帳簿上は利益があるけど、現金なし&
帳簿上は赤字だけど、現金あり

帳簿上の利益あり　現金なし　｜　赤字　現金あり

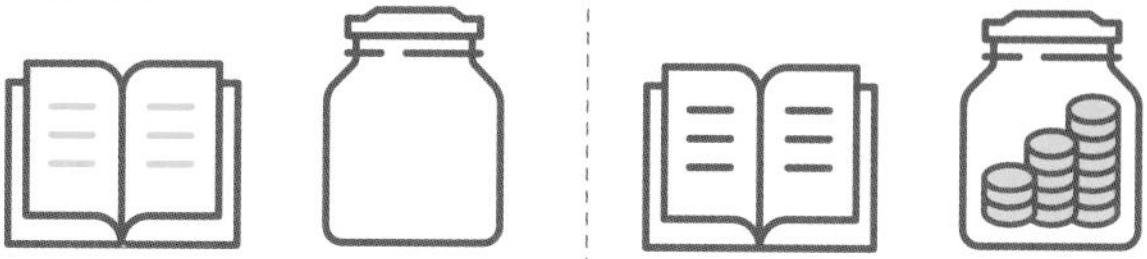

ある日、急に現金が必要になったら……

金融機関が
貸してくれないと
倒産の危機に……

支払いできるので
倒産しない！

減価償却費は費用なので、
利益がマイナスになり、
赤字になるものの
現金が出ていかない

Point!

利益が出ていても油断禁物。
現金確保で倒産リスクをゼロにする！

債務超過で倒産寸前、税金よりも手形を落とすことを優先

平鍛造を創業した父の志は非常に高く、「日本一の鍛造屋だ」（なるではなく、すでに断定していた）と豪語し、従業員にも、いつも「金を残したかったら、人の寝ているうちに働け」と言うほど、自身のモットーにしていました。それほどの信念がなければ、日本一の会社にできるはずがありません。

しかし、父は、平鍛造を日本一の会社にするため、創業から約20年間、毎年莫大な借り入れで連続的に設備投資をし、そのため振り出した支払手形の支払いや運転資金

の確保に大変苦労しました。毎月末、手形を落とすために駆けずり回る日々を繰り返しました。結局のところ、債務超過で倒産寸前にまで追い込まれました。

工場の土地は、第1抵当権は国税庁が持っていました。税金を納められないほど、現金に窮した時期があったのです。

父にとっては税金を納めるよりも、手形を落とすほうが経営者としてははるかに優先すべきことでした。税金は納めなくても、土地や会社の建物を抵当に入れられるだけですが、手形が落とせなければ倒産ですから。

もっとも、当時の日本は高度成長期にありました。預金金利は8％、支払利息は10％を超え、実際、長期借り入れが１００億円を超えた時期もあり、その年間利息だけで10億円、元金の返済ができるわけがありません。

それでも、金利を超えるほどの経済成長率で、資金が不足すればまた銀行に借り替えをしてもらえばいいと、それほど深刻に考えていなかったのです。

また、銀行は、平鍛造の取引先が大手上場会社ばかりで、売り上げも順調に伸びていたこともあり、求められるまま貸してくれました。平鍛造は高い金利を支払い続けていました。

ところが、景気の変動の波は何度もあり、その危機は、工場の一部を売却するウルトラCにより、かろうじて乗り切ることができました。

固定資産を流動資産に変えた太陽光発電

太陽光発電は、設備投資だから固定資産では？　と疑問に感じる方もいるでしょう。いいえ。私の場合、中小企業の特例で即時償却をし、固定資産価格を1円にしました。

設備投資後、電力会社から20年の価格固定で現金が振り込まれてくるという現金商売が最大の魅力でした。広大な固定資産（＝土地）を、流動資産（＝現金を生む）に転換しました。本業の仕事がないときに、20年間毎月同じ単価で、売り上げが上がるものなどまったくありませんでしたから。

2009（平成21）年、父からの事業承継後に、取引銀行の3行から、「貴社に貸すお金は1円もない」と言われ、1工場を売却し、固定資産を流動資産に変えてつな

ぎ資金をつくったことから、否応なく「現金最優先」の方針が決まりました。

父はレビー小体型認知症のせいで、妄想にかられて廃業を宣言し、仕事はすっかりなくなっていました。その後、私が父から承継した会社には、仕事がなかった話は何度もしています。

２００９年といえば、前年の秋にリーマン・ショックが起こり、世界中の景気が急激に落ち込んでいた時期です。また、日本では２０１１（平成23）年３月に東日本大震災が発生しました。その後も、２０１１年10月につけた１ドル／75円32銭という極端な円高は、日本の輸出産業に大きな打撃を与えました。

このような状況から、建設機械メーカーやベアリングメーカーからの注文はほぼゼロでした。

会社の総資産額が大きいのに現金がない。会社の帳簿を穴の空くほど、何度も見直しました。

固定資産のほとんどは、平鍛造が所有していた広大な土地の簿価でした。父は、機械に設備投資をしましたが、土地の購入にも熱心だったのです。昭和の時代には土地神話があり、個人としても会社としても地元で土地を買い続けたのです。

当時、個人と会社とが所有する土地は、総面積は100ヘクタール。100ヘクタールは東京ドーム約21個分の面積です。東京ドームの面積は約4万6755平方メートルなので「100万平方メートル÷4万6755≒21」になります。

会社の帳簿には、土地は会社の資産とされ、購入した時点の金額が記されていました。この固定資産（土地）を、どうにかして流動資産（現金）に換えることはできないだろうか？

ずっとそう悩んでいたところ、取引先の大手エネルギー会社の社長から、太陽光発電をしたらどうか、という話がありました。太陽光で発電した電力を、電力会社に売って現金を得るのです。

さっそく、その社長と新潟の発電所へ見学に行き、話を聞きました。冬の日本海の降水量が多い気候でも、十分にペイできると言います。しかも設置した翌月には、電気料金が振り込まれるというではありませんか。すぐに決断しました。

たとえば、鍛造機械に設備投資したからといって、すぐに注文が取れ、現金を生み出せるわけではありません。仕事を受注できなければ、投資がすべてムダになってしまうことも考えられます。

しかし、太陽光発電は投資して設置すれば、電力会社に売電することで、20年間現金が振り込まれてくるのです。それが太陽光発電の一番のメリットです。

電力会社の買い取り金額は、契約時点の固定で20年間変動しません。ですが、熱さ寒さ、降雨、日照時間、天候不順などで発電効率が落ちることもあります。

しかし、長期で見れば、安定した電力を生み出します。

大手の建設業者は、情報を収集してシミュレーションをしてくれていました。

そして、当初見積もりしていた3倍に当たる、3メガワット分の太陽光発電パネルの設置を決めました。それにかかる費用は、1工場を売却して資金繰りとして留保してある現金プラス1億円です。

計算では6年ほどで投資した資金を回収できることになります。依頼した業者は、いきなりこれほどの規模の設備をする会社はないと驚きましたが、私は、このビジネスへの確信よりも、現金を稼げるビジネスが喉から手が出るほどほしかったのです。

海外営業には、時間がかかると予想していたからです。

図表1

売れない土地(固定資産)を太陽光発電で現金(流動資産)に換える

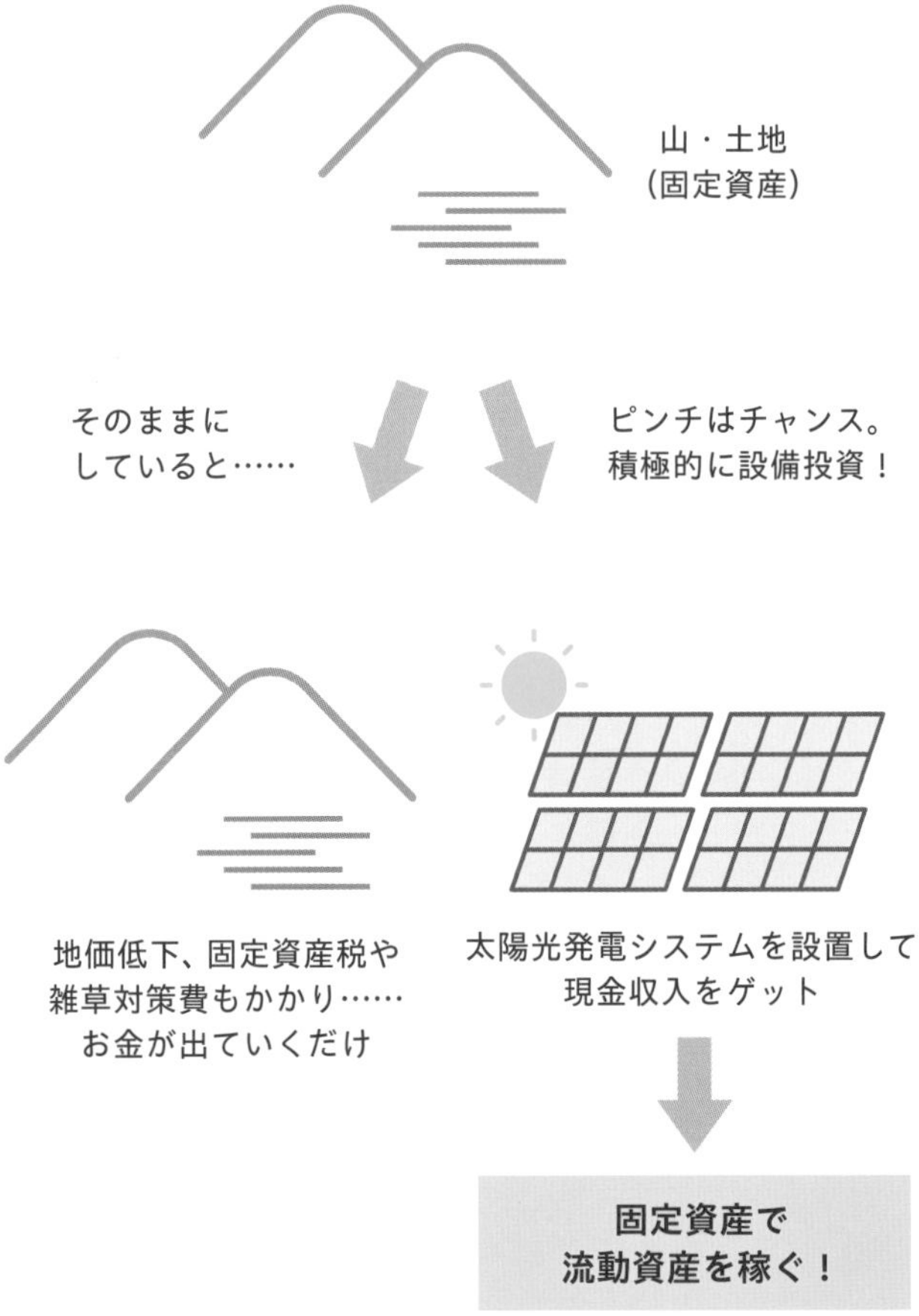
山・土地
(固定資産)
そのままにしていると……
ピンチはチャンス。
積極的に設備投資！
地価低下、固定資産税や
雑草対策費もかかり……
お金が出ていくだけ
太陽光発電システムを設置して
現金収入をゲット
固定資産で
流動資産を稼ぐ！

決断は間違っていませんでした。

設置した翌月から、電力会社より、請求書を出すこともなく自動的に現金が振り込まれました。現在、太陽光発電パネルは年間3億円以上の現金収入になっています。

これにより、平鍛造の経営にも、私の気持ちにも余裕が生まれたのです。


Point!

土地（固定資産）を活かすには、毎月の現金を得る知恵をひねり出す！

現金をしっかり貯める知恵・アドバイス

取引先から材料の支給を受けて資金繰りを楽に

それまではある部品の製造を受注すると、原材料は自社で仕入れていました。業界の慣習としてそれは当然のことでした。

しかし、材料を買うお金さえ工面できなかったため、取引先に直接購入してもらい、工場（平鍛造）まで運んでもらうことにしました。取引先に、材料を現物で用意してもらうのです。

それまでの業界の慣習に従えば、材料を準備し、加工した製品や部品を納める際、材料費と加工賃を合せて請求します。しかし、多くの場合、その材料費には管理費を上乗せすることが慣例になっていました。

材料を取引先に用意してもらえば、材料管理費がもらえません。トータルの利益は低くなります。当然利益は減るのですが、それでも当座の支出を抑え、現金をほかに使えます。また、購入した材料が余剰になるリスクも回避できます。

それほど当時の平鍛造には、資金的な余裕がなかったのです。

原材料を取引先に購入してもらう方法は、追い詰められた末に考えついた策でした。ところが、取引先から見れば曖昧だった材料費の内訳がクリアになり（材料をそのまま平鍛造に預けるのですから当然です）、かえって平鍛造への信頼は増すことになりました（とはいえ、大量に材料を預けてもらう時点で、すでに信用が必要ですが）。

図表J

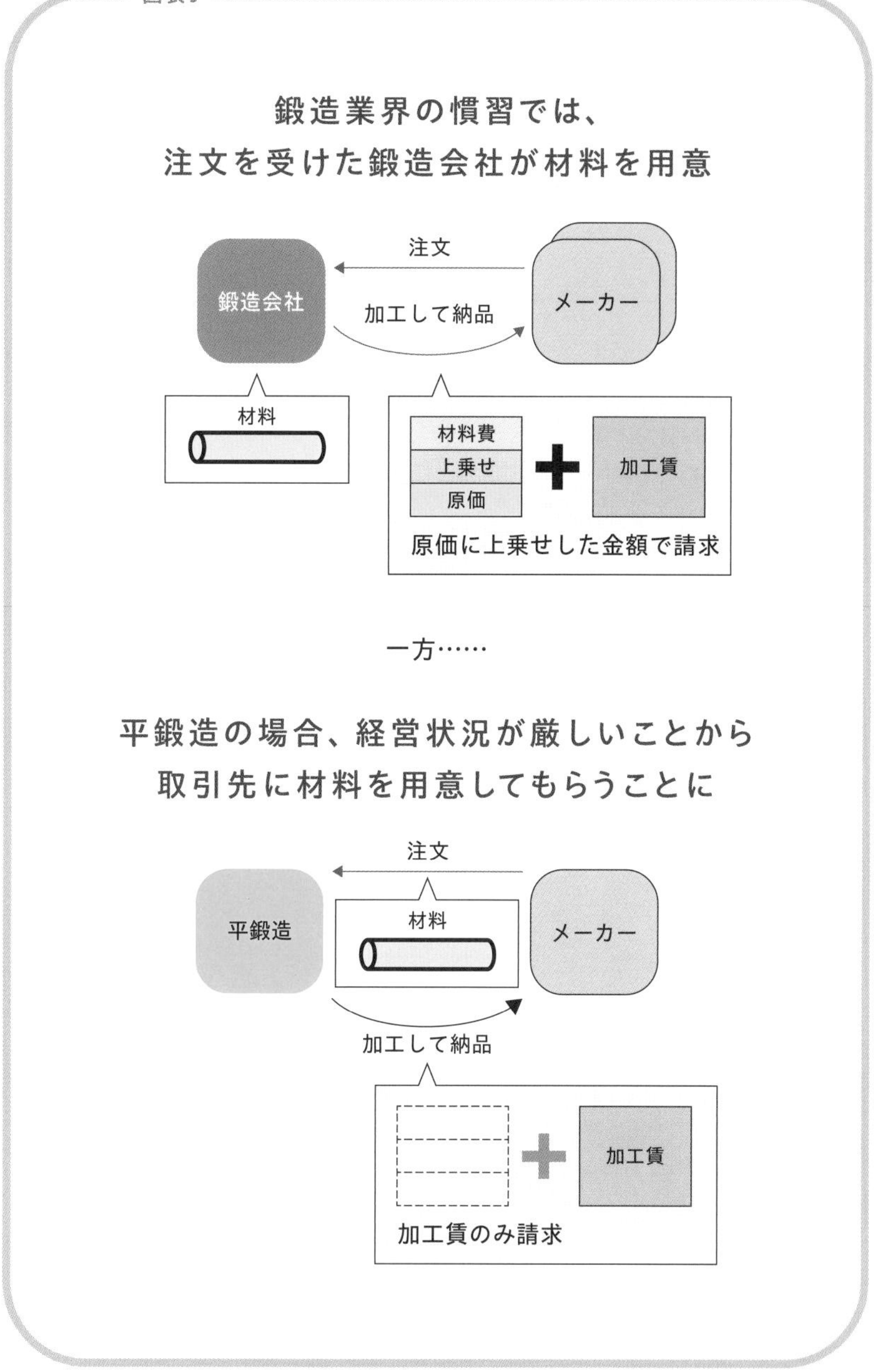

鍛造業界の慣習では、
注文を受けた鍛造会社が材料を用意
注文
鍛造会社
加工して納品
メーカー
材料
材料費
上乗せ
原価
加工賃
原価に上乗せした金額で請求
一方……
平鍛造の場合、経営状況が厳しいことから
取引先に材料を用意してもらうことに
注文
平鍛造
材料
メーカー
加工して納品
加工賃
加工賃のみ請求

こうして慣習にこだわらずに合理的な仕組みを整えたことで、取引先にも受け入れられ、その後もずっと現金を手元に残し、材料在庫も抱えない経営体質になりました。

現金が貯まるまで見栄を張るな、カッコつけるな

スタートアップした会社の中には、東京の日本橋や大手町、六本木などに事務所を構えるところもあるかもしれません。**ただステータス、つまり事務所の所在地で仕事が取れると考えるのは、妄想幻想です。**最近、そんな会社の社長が逮捕されましたね。

よい商品やサービスを提供して、社会を変えた世界的なテクノロジー企業であるアリババの創業当時は、狭いオフィスに30～40人のメンバーがひしめき合いながら寝る間も惜しんでソフトをつくっていました。

会社に現金が貯まるまで、見栄は厳禁です。

関連ある仕事はすべて受ける！　断る、できないという余裕はない

まずは、これで大丈夫だというほどの現金を貯めるまでは、営業で取れる仕事、稼げる仕事は断らず、なんでも受けましょう。稼げるということをバカにするのは、商

売の原則に反します。当然ながらスタートアップも商売です。

土地を買うな。最初から建物を建てるな

減価償却費割合が低いものは、後回しにして現金を留保しましょう。まずは、従業員の給与確保が第1。そして、売り上げをアップするための設備投資が第2。また、営業経費も必要。自社ビルなどの建物は最後から2番くらいと考えましょう。土地は減価償却ができない経費ゼロの固定資産です。で、今どき不要です。

大手事業者への支払いは遅く、入金は早くが基本

現金を貯めて安定的な経営を行うには、入金があってから取引先などへの支払いを行うのが基本です。ただ、規模の小さい企業や、個人事業者などの取引先に対しては、支払いを遅らせてしまうと信頼関係が損なわれるため、スピーディーな支払いを心がけましょう。

逆に、大手事業者からの入金については、極力早めに振り込んでもらえるよう交渉してください。

現金600円しかなかったソフトウエア会社を2カ月でキャッシュリッチに

プログラミングソフトを制作するソフトウエア会社の社長に、仕組みを少し整えるだけで現金を確保できる、とアドバイスした例があります。

その方は、私の本を読んでいたそうですが、中でも特に印象に残ったのが、「現金がいかに大事であるか」というところだったそうです。

というのも、彼の会社はいつも現金がなく、苦労していたのです。よくよく話を聞いてみると、彼の会社のお金と家族が持つお金を合わせて、わずか6000円しかないときもあったとのことで、どうすればいいかと相談されました。

私は驚きましたが、本人曰く、仕事はこなしきれないほどたくさんあるとのことで、それほど危機感を持っているようには見えませんでした。また、営業にはしっかり行っているようで、そのかいもあって、依頼は十分にあるとのことでした。

「それらをこなしていけばよいだけ」と言い切る社長に、私は懐疑的でした。

なぜ彼の会社には、仕事がたくさん入ってくるのに現金がないのでしょうか。さらに話を聞いていくと、私は啞然とするしかありませんでした。

「注文を出す」と、あちこちの企業から言われているにもかかわらず、彼は注文書をもらっていなかったのです。すべて〝口約束〟でした。

また、予約金を受け取るようなこともまったく念頭にはなかったようでした。それを彼に指摘しても、「予約金って?」と聞き返される有様でした。通常は、足の長い仕事を始める際、見積金額の一定の割合を事前に受け取っておくものです。

ソフトウエアは、彼1人で制作できるわけではありません。一部、または大部分を外注する場合もあります。当然、社内外の従業員に給与を支払う必要があります。

しかし、彼のやり方では、現金を手にできるのはすべてのソフトウエアが完成してからです。

また、彼は「仕事はたくさんある」と言っていましたが、すべて口頭でのやりとりで、そもそも、すべて本当に仕事の注文になるのかどうか……。

お金は、仕事を完成させ、先方に納めて初めて受け取ることになっているため、時間と労力をかけたあとで、先方に「そんなことは知らない」「正式に注文したわけではない」などと言われる可能性もあるのです。

それにもかかわらず、注文書がないまま彼はソフト開発をどんどん進めていました。

私は、まず先方に見積書を提出し、「注文書」をもらい、その際、「予約金」として総額の3分の1程度を受け取って開発をスタートするようアドバイスしました。

彼は、それに従って、口頭で仕事を出すと言われている会社を改めて回りました。

すると心配していた通り、全部が全部、本気で注文を出すと言っていたわけではなく、〝それはいいね〟〝詳細が決まればね〟という程度の意味だったことが判明しました。

しかし一方では、確かに仕事を頼みたいと、「注文書」はもちろん、「予約金」の支払いに応じてくれた会社もあったので、彼は現金を手にすることができたのです。

以後、彼は、営業では必ずソフトの「仕様書」と「見積書」を作成して提出し、先方には「注文書」を正式に出してもらうようにしています。即座に、「予約金」の請求書も出します。「予約金」は、「見積書」で示したトータルの金額の3分の1です。

制作途中の段階でも、進捗状況を報告しつつ、約3分の2ができた段階で、さらに3分の1を請求します。完成して納品後、検収が終われば、残金3分の1を受け取ります。

この仕組みにより、彼の会社の資金繰りは、劇的に改善しました。「現金」に困ることはなくなったと喜んでます。

傍観者であれば、そんなの当たり前のことだと考えるのですが、当事者は「予約金」のことすら知らなかったのです。

先日、大阪で仕事があった帰りに、JRの特急「サンダーバード」を利用しました。するど、グリーン車の車内で彼とバッタリ出くわしました。彼はサンダーバードで金沢まで出張に行くところだったのです。

彼の手持ちのお金が6000円で、なんとかならないかと悩んでいた段階は、確実にクリアしていたようです。

彼は、私のアドバイスで、すでにつくったソフトウエアをほかの会社に売り込んでいく予定だそうです。カスタマイズが必要にもなるでしょうが、ゼロからつくるわけではありません。それで同じ額で販売できるのであれば、これほど効率のよいビジネスはありません。

彼のように、制作に時間のかかる製品の場合には、「予約金」で現金を優先するだけで、資金繰りには雲泥の差が出ます。

「予約金」は、当たり前だと思われることでも、当人たちからすれば、目からうろこの仕組みで、案外もらえていないのが現実です。

まずは自分の会社の実情をよく知ること。そして、それを客観的に評価・分析して、**どうやって現金を確保すべきか、自分の固定観念に囚われることなく、その方法を見つけようとするところから始めるべきです。考えて、考えて、考え抜きましょう。**

Sketches of My Life

グリーン車の車内で彼とバッタリ出くわしました。彼は「サンダーバード」で金沢まで出張に行くところだったのです。

イチオシ

現金最優先のカリスマ経営者

松下 幸之助

【まつした　こうのすけ】

経営の神様も提唱した現金重視の「ダム式経営」

経営にとって、現金が経営にいかに重要であるか。日本を代表する経営者、松下幸之助氏もまた現金を重視し、それを「ダム式経営」として提唱しています。

「ダム式経営」とは、現金をはじめ経営資源をムダに流し続けるのではなく、経営にダムのような仕組みをつくって資源を貯めておくこと。そしていざというときに備えることです。資金に余裕を持とうという意識がなければ、いつの間にかダムは空っぽになり、慌てて銀行に駆け込むことになります。資金繰りに窮すれば、現金ほしさに安売りに走ってしまうかもしれません。過当競争を招き、社会全体を混乱させてしまうかもしれないのです。

経営資源は必要なときに的確に使い、必要のないときはダムに貯めておく。多くの経営者がそんな「ダム式経営」を実践すれば、好況や不況にかかわらず、商品やサービスの供給は安定し、価格が乱高下するようなことはなくなるでしょう。

「ダム式経営」とは、一般の消費者が安心して暮らせるよう、社会に安定した価値を提供し続けていくという、経営者としての哲学でもあるわけです。

この「ダム式経営」は、どうやって実現すればいいのでしょうか。実際に松下幸之助氏のセミナーで「どうすれば」と質問した人がいたそうです。しかし、松下の答えは「ダムをつくろうと強く思わんといかんですなあ」という答えでした。会場は笑いに包まれましたが、その中の１人の経営者だけは真剣に受け止め「経営とは念ずること」と理解したそうです。そしてその経営者は実際にその後、日本を代表する会社をつくっていきます。その人の名は稲盛和夫氏です。

第4章

アップデートの原則

―絶え間なく改善&検証―

激動の世界経済、頻発する天変地異……。

あなたの事業は、四方八方からあらゆる脅威にさらされます。

変化に無関心・変化の見逃しが、倒産のトリガーに……。

アップデートこそが、あなたの会社を強靭にします。

昨日よりも今日、今日よりも明日

経営環境は絶えず移り変わります。

昨日と同じ取引先が、同じ仕事・量を出し続けてくれて、それが未来永劫続くのであれば、こんなに楽な経営はありません。しかし、現実にそんなことはどこにもないでしょう。

経営は、強烈なアップデートを繰り返さなければいつか負けます。つまり、利益が出ず弱体化し、それが続くことで倒産も視野に入れなければならない状況に陥ります。

平鍛造は、どこにもできない技術があると世界的に知られる企業になりましたが、それでも、考えてもいないライバルは間隙を突いて、入り込もうとしてくるのです。

また、それまで安定した注文を出してくれていた取引先が、突然、なんらかの事情で注文を減らしたり、取引を打ち切ってきたりするケースは珍しくありません。値下げの要望などは、しょっちゅうあります。

市場の変化、経営環境の変化により、突然経営が行き詰まっても不思議ではないのが現実です。そこで絶えず求められるのが本章の「アップデートの原則」です。特に「アップデートの原則」が求められる代表的な分野が、製造の現場です。絶えず改善を繰り返し、昨日よりも今日、今日よりも明日と、より質が高く、より生産性を上げるようにします。それを繰り返して、どこにも真似のできないような製品を、より安くつくれるようにするのです。

最大コストから改善、検証（アップデート）

帳簿と製造現場を穴の空くほど見つめてわかったことは、もう1つありました。コストの中で最も大きな割合を占めているのが、燃料費だということです。燃料費を節約すれば、それが最も費用削減に効果的というわけです。

鍛造とは、1000度を超える温度で鉄を加熱し、柔らかくなったところに圧力をかけ、形状を出す工法です。

当時、平鍛造では2つの工場を操業していましたが、それぞれの工場にいくつも加熱炉があり、その数は2工場合わせて合計20機ほどになっていました。そこで毎日、膨大な燃料を使っていたのです。

それぞれの工場では、夜中の12時、各炉を点火、加熱します。冷えた炉を鉄を加工できるまでの高温に上げるには、最高火力が必要です。1250度まで温度が上がれば、あとはその温度をキープするだけです。

その後、午前4時に仕事をスタートさせますが、その4時間前にバーナーに点火、午後1時で仕事終了です。つまり、炉が実際に稼働するのは24時間中9（機械稼働時間）+4（昇温）時間の1班分だけです。

私は、午後1時に火を消し終業してから、炉内の温度がどんどん下がり、夜中の12時の加熱スタートを迎えるまでの約11時間に注目しました。

季節によりますが、炉内の温度は11時間も経つと約600度まで下がります。24時間中11時間は炉が冷えて、また仕事を始めるために、1250度まで最高火力で急速昇温にするわけです。

せっかく高温にした炉を、午後1時から夜にかけて冷やしてしまい、夜中の12時に再び最高火力で熱する。これが私にはムダに思えてなりませんでした。冷えた炉を再び加熱させるので、燃料代は余分にかかります。

しかし、炉を冷やす間もなく、ぶっ通しに使い続けるならば、急速加熱の最高火力は必要なくなります。

まだ、十分な仕事量がない中、2つの工場に分かれて行っていた仕事を、1つの工場で、2週間分まとめて鍛造することを思いつきました。

2つの別の工場に通勤していた全従業員を1つの工場に集めるのです。そして1直8（9）時間労働だった仕事を、2直16（18）時間にします。それまで1日に9時間しか稼働させていなかった炉を、稼働前の昇温時間も含めて24時間続けて使うのです。昇温時間とは、鍛造機が動いていない間も材料を加熱だけしている時間のことです。

製造に携わる従業員は、1週間1つの工場で働いたあと、次の週はもう1つの工場へ移り、仕事をします。こうして1週間交代で、従業員たちは2つの工場を行ったり来たりするようにしました。

効果は劇的でした。燃料代を、仮説通り約半額にすることができました。

Sketches of
My Life

効果は劇的でした。燃料代を、仮説通り約半額にすることができました。

図表K

2018（平成30）年と2019（令和元）年での売上高と燃料費の推移比較

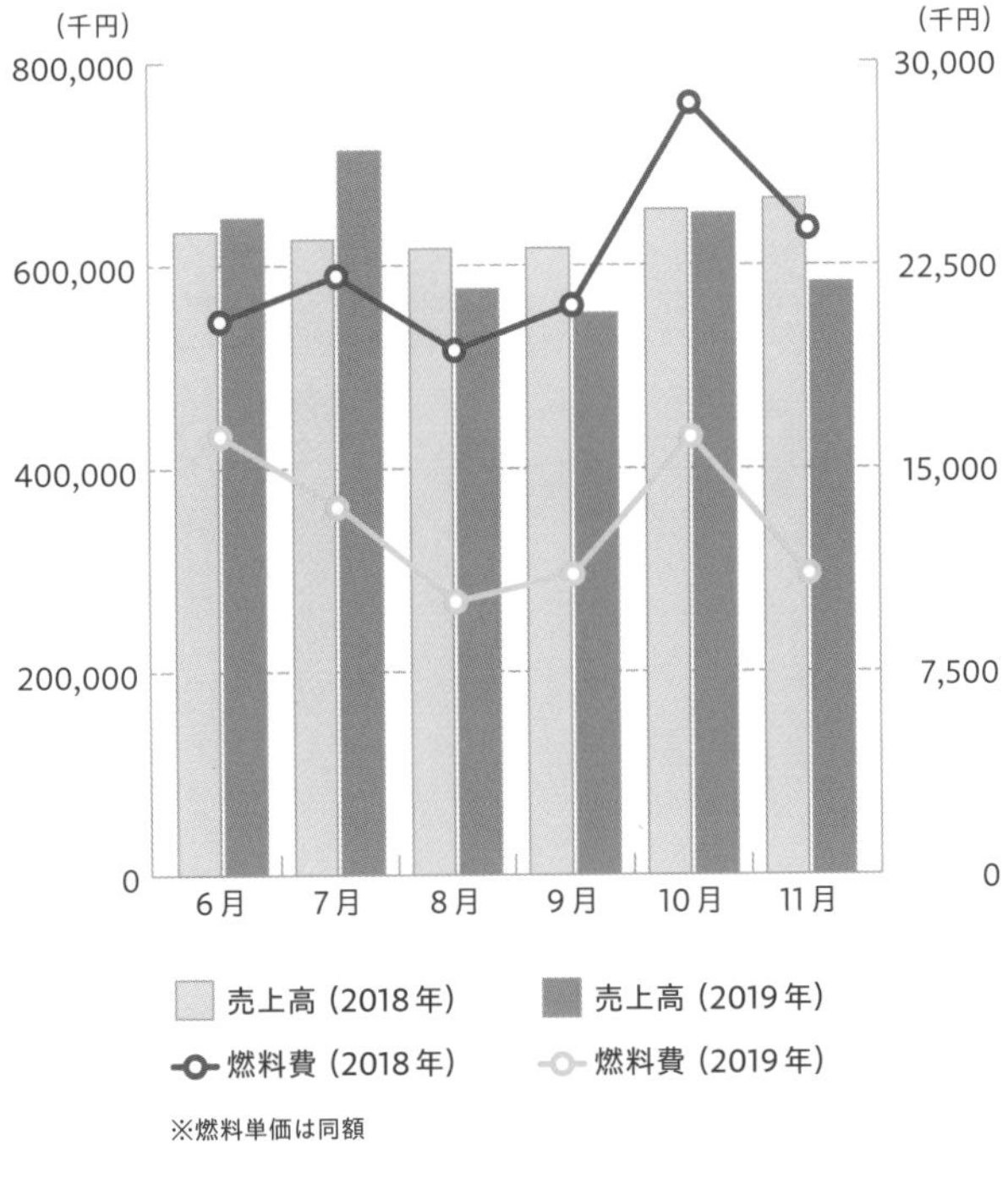

※燃料単価は同額

この製造現場のトライとともに、会計を月次で締めて、改善を金額で検証しました。当月分は、翌月10日までに売り上げや利益はもちろん、経費は内訳まで、経理責任者にスピードで締めて出してほしいと、指示しました。

年に1度の決算時だけでは不十分です。そんな会計事務所が多くあるようですが、そういった会計事務所を使っている会社では、このような改善で大きな費用削減で結果を出すといったことは、絶対に無理です。平鍛造は、自社で「勘定奉行」という会計ソフトを使って、詳細を出していました。

競争が激しい市場で、利益を出す製造現場の改善に取り組む以上、その効果を知るためには、少なくとも1カ月単位で数値を把握する必要があります。月次で締めるため、経理部門でも早期集計ができるよう改善を積み重ねました。

図表Kの売上高と燃料費の推移表を見れば、効果は歴然としています。

燃料費を約半分にできたという劇的な改善の効果を示すことができただけでなく、それを数値として明白にできたことで、従業員に、1週間ごとに工場を行ったり来たりするという変則的な（面倒な）出勤を受け入れてもらうことができたのです。

当初、この変則的な仕組みは、従業員に相当ストレスがかかりました。鍛造では、仕事が終わる頃には汗だくになりますので、そのあとのシャワーだけでなく、着替えも全身分必要です。作業服、ヘルメット、安全靴を支給していますが、1週間ごとに2つの工場を行ったり来たりすることになり、それらを一式持って運ばなければなりません。それが従業員にとっては大きな負担とストレスでした。

燃料代の節約が可能になるとはいえ、従業員がストレスを抱えたまま仕事を続ければ、通勤先が毎週変わることとも相まって、通勤事故などを起こしてしまうかもしれません（車通勤なので）。せっかく改善で生産効率を上げても、従業員の安全と快適を害してしまっては元も子もありません。

そこでまずは、従業員がより働きやすくするための環境改善に取り組みました。まず、2つの工場それぞれに、鍛造部の全従業員分のカギ付きロッカーを用意しました。トイレ、シャワーも食堂も2倍に増築し、専用のロッカーも備え付けたのです。作業服やヘルメット、安全靴も各工場それぞれに用意しました。

どちらの工場でも、従業員が1度にシャワーや食堂、トイレを利用しても、順番待ちをすることなく、使いたいときにいつでも使えるようにしました。

ロッカーや作業服、ヘルメット、安全靴は2倍の数が必要になり、食堂、トイレ、お風呂、シャワーの増設にもお金がかかりました。

しかし、従業員は1週間ごとにモノを運ぶ必要がなくなり、自分の身1つで工場に出勤し、そこで着替えて仕事を始めればよくなりました。こうして各工場での働きやすさが増したことで、ストレスは大幅に軽減されました。

さらに、工場移動手当も新たに設けました。

勉強会で克服、多能工を実現

製造現場の改善を進めるに当たっては、問題も発生します。

2つの工場では、まったく同じ仕事をしていたわけではありません。一方の工場では4メートルまでの大型リングの製造を行っており、もう一方の工場では、1メートル前後の中型製品をつくっています。

鍛造機械の種類は、加熱炉、プレス、アタッチメント付リフト、ローリングミルなどですが、サイズがまったく異なり、導入時期が異なれば操作機能も違っていました。稼働させるだけではなく、安全教育は最優先、そして品質確保が不可欠です。働く工場が変われば、当然、自分がそれまで使ったことのない機械を使わなければならなくなります。不慣れな仕事をこなすには、新たな技能が必要です。

たとえば、鉄にも種類があり、その種類によって加熱すべき温度は異なります。それを間違えると、割れ、変形が起こります。何より内部不良、さらに作業性悪化などの問題は重大です。

材料がアルミの場合、鉄よりもずっと融点が低いので、加熱炉を高温にしすぎると、炉から出した途端、材料が形を保てず崩れてしまうことがあります。最悪、そのまま蒸発してしまうこともあるのです。

そこで、皆で作業標準の勉強会をすることにしました。

勉強会は、まずは現場での実践的なものにしました。

安全については、実際にトラブルが起こると、すぐに現場で何が問題だったのかを検証し、それについて皆で作業を試しながら、勉強したのです。

まだ仕事量が戻らない時期だったため、毎週金曜日になると、その週に起きた問題点をあげ、それを1つひとつ潰していくと同時に、技能や材料の特質についての知識も習得することにしました。

といっても、この勉強会自体、当初からうまくいったわけではありませんでした。

そこでは、前向きな従業員がいて、1人が率先して取り組むと、多能工のモデルになり、また1人また1人と、全員が何種類もの機械を動かせるようになりました。

それは、私にとっても新たな発見でした。全員に一斉に仕事をやらせるのではなく、やる気のある1人の人間から始めることが有効だったのです。

1人の従業員が、あの装置もこの装置も自在にこなすようになると、その技能に応じて給料もアップしました。それを目の当たりにした従業員は、取り残されまいと、あっという間に全従業員が多能工になりました。

技能習得が軌道に乗ってくると、社内作成のペーパーテストも始めました。

合格した者だけが機械操作をできるようにしたのですが、これは安全面でも品質面でも大いに役立ちました。

Sketches of My Life

安全については、実際にトラブルが起こると、すぐに現場で何が問題だったのかを検証し、それについて皆で作業を試しながら、勉強したのです。

またその後、ある機械の操作でも、習熟段階をＡＢＣランク、また別の機械でも段階ＡＢＣというように、最終的に指導ができるようになるまで、段階ごとに実地とペーパーの各テストを行うようにしました。

それらの段階すべてがひと目でわかる技能マップを作成し、各従業員が、自分がどの段階にいるのかをはっきりわかるようにしました。

ある程度の技能を身につけた従業員にとっても、あるいはまったくの新人であっても、技能マップを見れば、自分が不足している点、勉強すべき点が明確になります。そして、段階的に知識や技術を身につけられるようになりました。

当然、ここまで体系化するために時間はかかりましたが、取り組んだかいはあり、こうして全社的な「多能工化」を実現することができたのです。

勉強会やテストや技能マップは、念入りに計画しなければならないような印象がありります。

しかし、実際のスタート時は、問題やトラブルが起こるたびに、いったいどうしたと大騒ぎしながら原因を突き止め、「なんだ、こんなことも知らなかったのか」と呆

図表L

多能工の育成は
報酬制度とセットで行うと効果的！

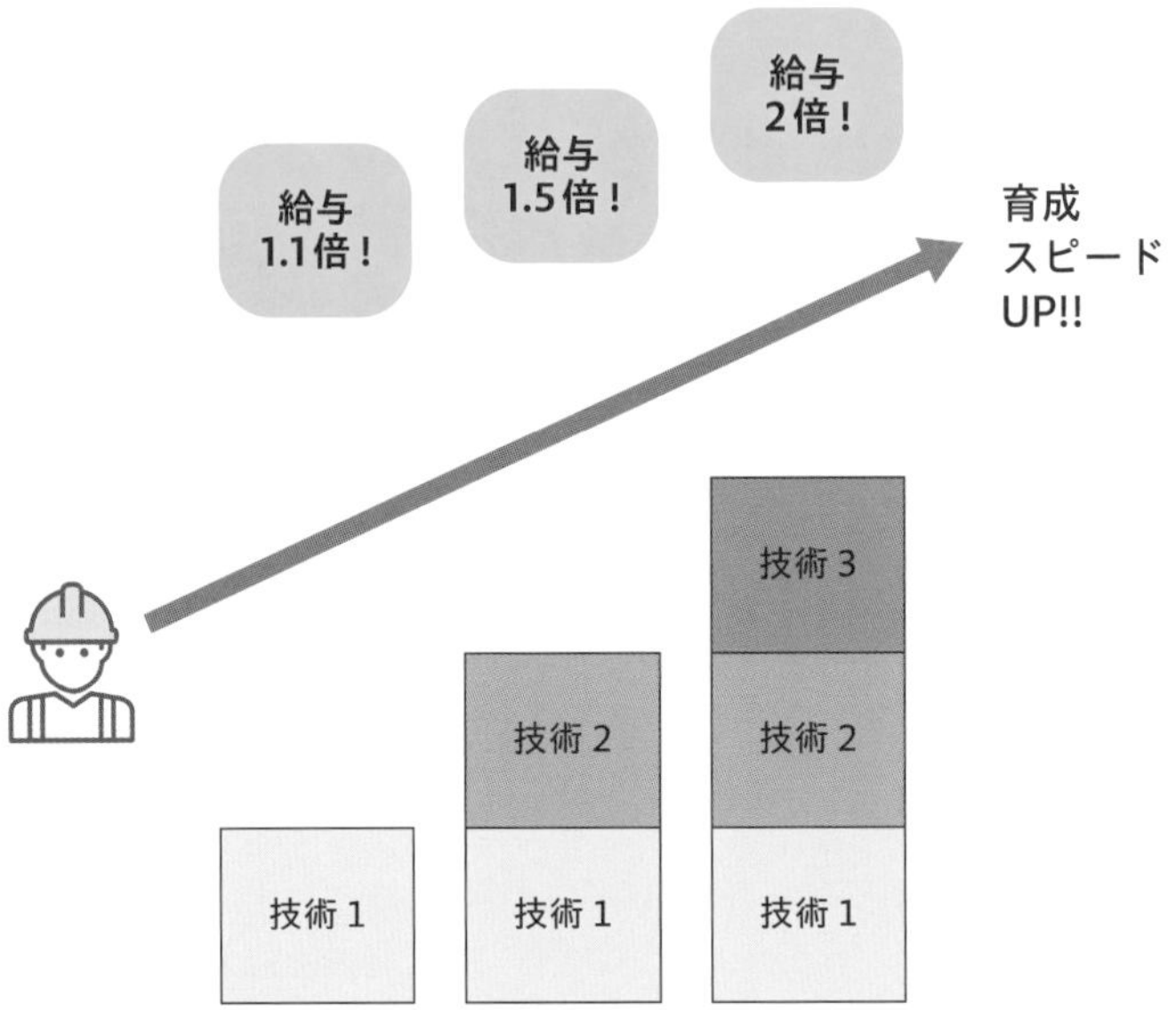

技術を身につけたことが給与に反映されれば、
よりやる気が出る！

れつつ、即応的に勉強会を開きました。なんとかその場をしのいでいった、というのが現実のところです。アップデートを繰り返していくうちに、適正なシステムに仕上がりました。

試行錯誤をスピーディーに繰り返していけば、問題が発生したときの対処法がわかってきます。あらゆる問題に対して諦めずに取り組み続けることで、どんな問題が起ころうとも絶対に克服できる、チャレンジするという文化が社内に浸透していくでしょう。

こうして生産シフトを大きく変えたにもかかわらず、試行錯誤を続けたことで、メーカー不良は1つも出さずに、高品質な製品を製造し続けることができたのです。

「多能工」の育成については、「第7章　報酬の原則」とも深く関連しています。知識や技術を身につければつけるほど、それに応じて報酬も得られるようにしたのですが、それについては第7章で詳しく述べます。

Point!

改善には原則がある。原則通りに、まずは、やる。
必ず、結果が出る！

会計事務所と大喧嘩!?
月次で締めて現金と改善の検証

改善で大事なことは、事前に目標を定め、その効果を絶えず測り続け、検証（チェック）することです。目標も効果も数値化し、必ず目に見える形にするのです。効果が目に見えれば、従業員はさらに協力的になってくれます。これがアップデートです。

効果が出ていない場合、つまり、検証して失敗している場合も、もちろんあります。なぜ失敗したのか？　そこを考え直し、修正するのです。

そして前述したように、数値化は長くとも月単位で行う必要があります。月を越える失敗を続けてはいけませんし、成功すれば、従業員に対して利益をスピード還元できます。月単位で改善の効果を見ていけば、仮に思ったような効果が出ない場合、すぐにそれを見直し、修正し、改善することができます。

改善、見直し、修正、改善というPDCAサイクルを回していくためにも、効果を数値で把握することは必須です。PDCAサイクルを回すことについては、次の「第5章　スピードの原則」で詳しく触れていきます。

改善の場は、製造現場だけではありません。総務や経理などのデスクワークや営業でも必須です。

会社全体の経営についても、売り上げや利益をはじめ、取り組む事業の拡大を図ったり、取引先を開拓したりすることについても、それぞれターゲットを決め、行動し、効果を検証し、さらに改善を重ねていくという点は同じです。

経営を常にアップデートしていく状態になれば、毎月の決算で改善がどれほど効果を上げているのか。ワクワクしながら見ることもできるようになります。

実際、決算は年に1度だから、経営数値を見るのも年に1度だけという経営者は多いはず。しかし、それではスピードのある経営や改善は不可能です。

また、そんな会社の会計をしている会計事務所（税理士）にも期待はできません。

おそらく利益爆発の可能性はゼロだと断言できます。


ところで、分野によっては長期的な取り組みが必要になることも出てきます。

「科目別推移表（コスト推移表）」を用いて、月単位でどの程度目標を達成したのか確認していくことは基本ですが、仮に10年かかるような営業目標であれば、10年後という長期のターゲットを定め、その実現のため5年後、1年後、6カ月後の目標を具体化していきます。さらにその6カ月のひと月ごとの目標まで細分化し、着々と実行していきます。


ファーストリテイリングの会長兼CEOの柳井正氏は、数え切れない失敗の末にユニクロの成功があったと、その著『一勝九敗』（新潮社）の中で語っています。

失敗をしないようにするのではなく、失敗を恐れず、果敢に、むしろ多くの失敗を重ね、スピード改善を積み重ねることで、正解を見つけるのです。多くの成功した経営者が同様のことを語っています。

改善には、アップデートが必要です、ここでは、スピードでなく、アップデート原則としています。**スピードとアップデートは、不可分の関係なのです。**

より多くの改善のサイクルを回し続け、着実に「アップデート」をし続けている企業が、時代の要請に応えられる姿に変化していけるのです。多くの失敗とそれを克服した経験を持つ企業が、生き残っていくことができるのです。長期的な成果を得ようとするならば、なおさらです。

Point!

最新の情報をキャッチし、失敗を恐れず
改善し続ける努力をする。検証でアップデート。

イチオシ

アップデートのカリスマ経営者

マイケル・デル

【Michael Saul Dell】

大胆なアップデートが生き残れた理由!?

アメリカのマイケル·デル氏の最初の起業は1984年、まだ学生のときのことでした。黎明期のパソコン販売の世界で、多くの企業は独自製品を開発して顧客に販売するという、従来の営業スタイルを取る中、デル氏が取ったのは、注文を取ってから組み立てた製品を注文主へ「直送」するモデルでした。注文主にとっては、細かなところまで希望が反映されたパソコンを低価格で入手することができ、会社にとっても部品のムダを極力防ぐことができます。

デルモデルともいわれた、このまったく新しいビジネスは絶大な支持を得て急伸し、会社は1988年にNASDAQに上場し、社名を「デル·コンピュータ」とします（のちに「デル」)。以後も躍進し、2001年にはパソコンの世界シェアトップに躍り出ます。

しかし、経営環境の変化は、想像以上に激しいものでした。

ライバル企業がデルモデルを研究して次々と参入し、行き詰まりを感じたデル氏は、2007年に店頭販売を始め、2009年にはITサービス市場に参入するなど、大胆な経営改革に乗り出します。

ですが、2013年に会社の株を買い取り、非公開化すると、従来のパソコンの直販ビジネスから、企業相手のソリューション提供会社に大きく方向転換したのです。デル氏は、2018年に再び上場を果たし、現在、デル·テクノロジーズの会長兼最高経営責任者を務めています。

デル氏は、同時期に注目を浴びたマイクロソフトのビル·ゲイツ氏や、アップルのスティーブ·ジョブズ氏ほど、日本では知られていないのかもしれませんが、その独自性を大胆にアップデートできる経営者の中でも最高の１人です。

第5章

スピードの原則

―遅くなったら負ける！―

〝たとえ時間がかかっても、
よいモノ、よいサービスを提供すれば大丈夫！〟では、負ける。
起業家のスーパースター☆スティーブジョブズが、
存命中、製品発表時は未完成だったでしょ？
遅れたら負けだという信念があったからです。

PDCAを高速で回して改善——効果を出す

前章で述べたように、平鍛造の工場改善では、PDCA——P（計画）・D（やってみる）・C（検証）・A（実践する）によって、仕事の効率アップ、職場環境改善、さらには利益も従業員にスピード還元し、モチベーションを向上させることができました。

「できた！」「うまくいった！」「やった！」と、いつも私は、現場で大声を張り上げていました。そして、ときには「手当出すぞ！」とも。

皆、ニコニコ、嬉しそうで——今も、そんな喜ぶ従業員の顔を思い出します。

スピードは、仕事のあらゆる分野で重要です。

平鍛造でいえば、**太陽光発電ほどスピードが重要であった端的な例はないでしょう。電力会社への20年間の買取価格が、毎年下落していったのは、世間では常識として知られています。**1年目40円、2年目36円、3年目32円……そして、現在（2023

図表M

PDCAサイクル

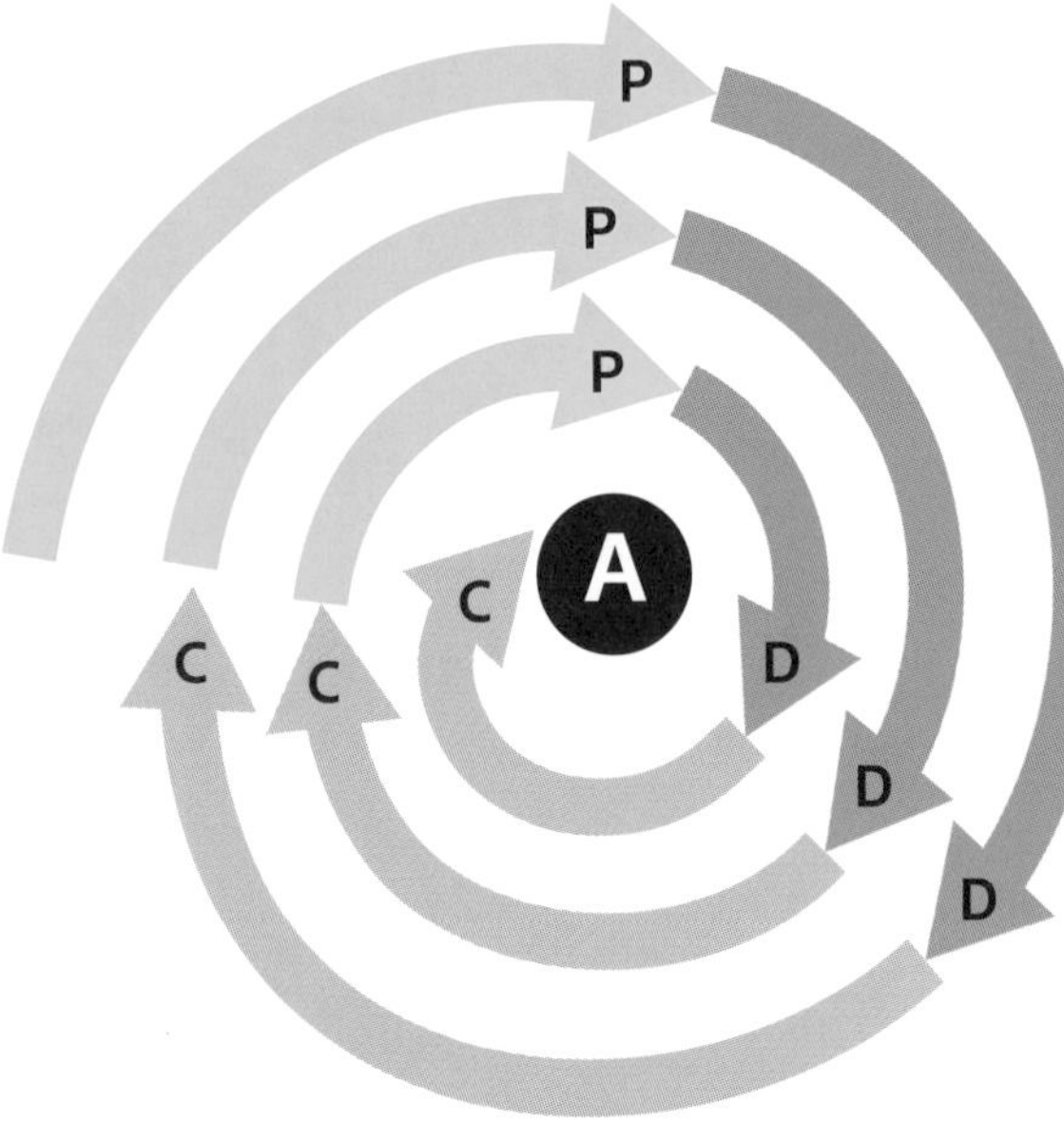

P ー PLAN (計画)
D ー DO (やってみる)
C ー CHECK (検証)
A ー ACTION (実践する)

年）は約10円です。早く事業をスタートさせた者が勝ちました。

また、太陽光発電事業は、太陽光パネルを敷き詰める広大な面積を必要とするため、かなりの電力が必要とされる大都会ではできません。逆に、地方では電力があまり必要なく、太陽光発電事業者による送電網の取り合いもありました。これも先取り勝ちでした。

どんな業種でも、先に市場を取った者が勝ちます。これは、先行利益と呼ばれています。あとからの攻めでは、先行者よりもコストが安くないと、入り込めなくなるからです。


また、スピードは、取引先と直接やりとりする場面で、より効果を発揮します。

たとえば、取引先から納品した製品に不良があったと連絡が入ることがあります。そのようなとき、平鍛造では24時間以内に先方へ報告しました（正式な報告書は、現物が返却されてから提出します）。

これができたのは、平鍛造ではすべての製品に製造番号をつけていたからです。

不良の苦情に限らず、なんらかの問い合わせがお客さまから入れば、まずこの製造番号を聞き、直ちに該当する製品を検索します。

パソコンの画面には、その製品の製造年月日はもちろん、図面、作業日報、作業状況、材質・材料、検査のデータが現れます。これらを見れば、製造時に問題があったのかどうかがわかります。

以前、これらの情報は紙の帳票に記され、しかも製造現場や事務室など別々の場所に保管されていました。問い合わせがあるたびに、品質保証や工程担当者が、バタバタと、帳票を捜しに行きました。

しかし、その手間を減らそうと、すべてをペーパーレス化して、一元管理することにしました。

その結果、24時間どころか、たちどころに情報を呼び出すことができるようになったのです。

多くの場合、検査データを見て、製造時に異常がないことを確認し、それらを報告していました。早ければ、数時間の作業です。

隠さずデータを公開して、先方とすり合わせていくと、多くの場合、先方での加工上のミスや図面の見間違いが原因で、平鍛造には落ち度がないことが、明らかになりました。このシステムで、納品前にミスを発見することができます。

業界での平鍛造の品質保証はダントツです。

早く対処すれば、問題も早く解決することができ、何より取引先を不安にすることがありません。こうして平鍛造の信用を向上させることができたのです。

逆に、不良の問い合わせに対して、回答が3日も4日もかかるようであれば、信用を失うことになります。

世の中の信用問題は、謝罪や説明が遅くなり、かつ、なかなか社長が顔を出さないなど、スピード対応できないことがイコール不信感につながっていませんか？

スピード対応は、日頃からの正しい行動で可能になるということです。

遅い対応の裏には、後ろめたい事実が隠されている

あるとき、平鍛造が下請けとして加工を依頼している会社に不良の連絡をすることがありました。ところがその会社からは、3日経っても4日経っても返事がありませ

図表N

すぐ対処→信頼される
すぐ対処しない→信用失墜

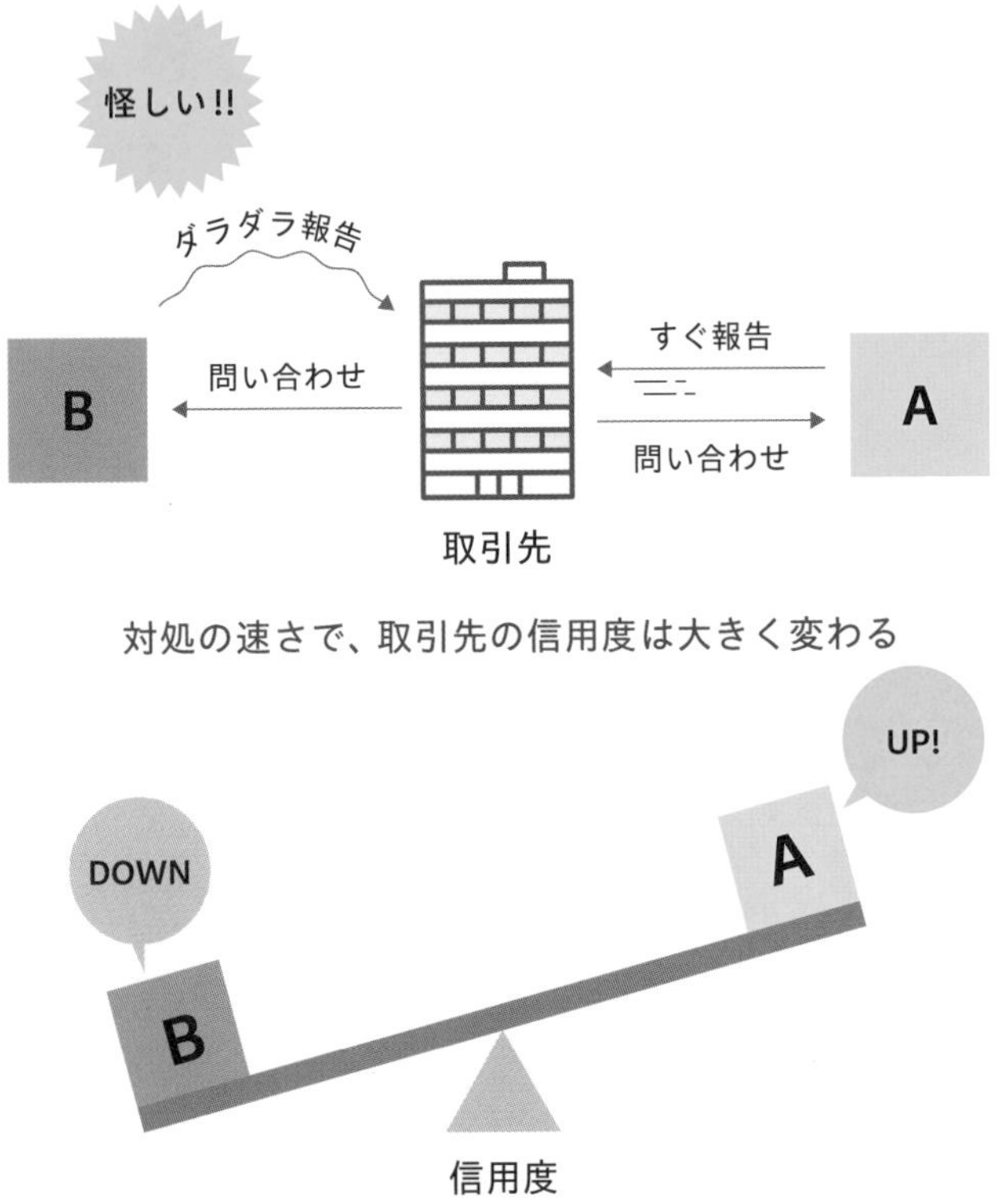

ん。調べている、の1点張り。

しかも問題のリングは、納品先のサウジアラビアにすでに到着していました。平鍛造のリングとして出していて、この会社の返事がないために回答ができず、今後の注文にも支障が出てしまいます。

電話で催促しても「今、調査中です」との言葉を繰り返すばかりです。

私はしびれを切らし、相手の会社へ直接乗り込みました。

事前に連絡を入れずに訪問したため、先方の工場では、ずいぶんびっくりしていましたが、そんなことにかまわず、私は問題の製品の作業日報と製品の温度チャートをすぐに見せてほしいと迫りました。

電話ではごまかせても、対面となると、そうはいきません。品質の担当者がしぶしぶ出してきたデータを見たところ、やはり製造過程に問題があることがわかりました。

誰が見ても異常なデータであり、製品の不良は明らかでした。返答に、3日も4日もかかるようなものではありません。自分たちに責任が及ばないようにどう返答すべきか、なんとかごまかそうと時間を稼いでいたのです。

Sketches of My Life

私は問題の製品の作業日報と製品の温度チャートをすぐに見せてほしいと迫りました。

実は、この会社では、同じようなケースが以前にもありました。体質は、そのときと同じままでした。

もし、逆の立場になり、平鍛造が取引先から不良を指摘され、返答に3日も4日もかかるようであれば、先方からは、これは何かあるのではと、あらぬ疑いをかけられるかもしれません。

中小企業に比べて、大企業は関係部署に書類を回すようなことがあり、何をするにも時間が必要です。ですから、平鍛造からの返答が遅れても、怪しまれることはないのかもしれませんが、それでも素早く対応することに越したことはありません。

Point!

自社にミス、不備があったときこそ、スピーディーな対応を心がける！

スピーディーな対応で、顧客の満足度を爆上げ！

「スピードの原則」は、平鍛造のような製造業に限らず、どんな業種でも大事になります。

むしろ、小売りや飲食、サービス業のような、一般消費者を相手にする業種ではなおさらでしょう。

たとえば、私はよく地元の野菜の直販所へ買い物に行きますが、朝9時オープンのところ、30分も前から並んでいる人たちがいます。

春先や秋など野菜の種や苗が売り出される頃は、店の外にテントが張られ、そこで早くから売り出すことはあります。しかし、それ以外のシーズンは朝9時のオープンが守られ、臨機応変な対応はありません。

オープン前の準備はあるのでしょうが、この地方はお年寄りが多く、早くから待ってくれているのですから、なんとかならないのかといつも思ってしまいます。

繁盛している店は、案外、オープン時間が早い気がします。準備が早いのかな？

現実には、多くの小売りはそんなことには無頓着で、結果、「スピーディーな対応」もできずにいます。

一方、地元にいくつか病院を展開している、ある医療法人は、しっかりと「スピード」を意識した対応をしています。

その病院も診療の開始は朝9時なのですが、8時半前には玄関を開けて、患者さんたちを待合室に入れるようにしています。受付には、すでにスタッフが待機しており、すぐに受付を始め、さらに、必要な検査類も先に進めています。

通院している人には、やるべき検査が決まっている人が多く、医師が診察を始める9時前に検査結果が出ていれば、すぐに診療が始まります。待たされるという感覚を持たないまま、患者さんは診療を終え、帰路につくことができるのです。

言い方は悪いですが、〝スムーズに患者数をこなせ、売上増!〟です。

実は、この医療法人の副理事長は、私が今までに出した本を熱心に読んでくださっている方です。病院業務の改革・改善に非常に熱心で、これらのスピードアップ策も、彼女が自ら考案して実践したものでした。

その取り組みの成果が最も顕著に表れたのが、コロナ禍でのワクチン接種でした。私は何回かこの病院でワクチンを接種したのですが、いつも大勢の人が押しかけているにもかかわらず、あっという間に済んでしまいました。

私は、いつも予約時間よりもかなり早く行くのですが、来た人からどんどん受付を行うので、「待たされる」という感覚はなく、その後の問診もワクチンの接種も、あっという間に済んでしまうのです。さらに接種を受ける人の動線も、素晴らしいものでした。

接種後、看護師さんに聞いたところ、「いかに患者さんを待たせないでスムーズに進めていくか、事前に、相当な時間をかけて打ち合わせた」とのことでした。

普段の診療・診察でも、ワクチン接種時でも、訪れた人をいかに待たせないで進めるか、緻密に計画し、役割分担をきちんと決め、念入りな打ち合わせの上で、スピーディーな対応を実現しているのです。

ちなみに、直近のワクチン接種は、県による臨時の接種会場へ行きました。そこでは受付をはじめ案内や接種の説明など、県関係の人や、問診と接種でそれぞれ数名の医師がいて、会場側の人の数だけはやたらに多いのに、予約した時間にならなければ何も始めず、カーテンやパーティションが開いたのは、決められた開始時間ちょうど……。ずいぶん立ったまま待たされました。途中、手持ち無沙汰と思われる多くのスタッフの姿も目につきました。

「スピード」への意識に、歴然とした差を感じずにはいられない体験でした。取り組み方次第でここまで大きく違うのです。

今でいう、タイパは最低です。

イチオシ

スピードのカリスマ経営者

大山 健太郎

【おおやま　けんたろう】

家電、インテリア、DIY……、猛スピード開発の秘密

アイリスオーヤマの大山健太郎氏は、父親が創業したプラスチック加工会社を19歳で引き継ぎ、工夫を凝らした製品を数多く送り出して国内最大手に。社名をアイリスオーヤマに変更後、大手メーカーの独壇場だった家電分野へと進出。かゆいところに手が届く製品を次々とヒットさせてきました。

今ではインテリアや寝具、DIY分野まで領域を広げた同社ですが、これを実現させたのがスピード重視の経営です。家電の開発点数は年間1000点以上。企画から新商品発売までの速さは他社の2倍ともいわれています。

2014年2月に放映された、NHKの『プロフェッショナル 仕事の流儀』で、その秘密の一端を垣間見ることができます。ここで紹介されていたのが、毎週月曜日の新商品開発会議でした。

一般メーカーの商品開発は、企画･開発･設計、生産･品質管理、営業･発売と手順を踏み、大手になればなるほど、各段階で上司やその長、関係部署に稟議書を回して、承諾することが必要になります。１カ所でも滞ってしまうと、プロジェクト全体が遅れてしまいます。この点、アイリスオーヤマの会議は大山氏自らが出席し、その場で商品化するかしないかを即決します。また、会議の情報はあらゆる部門の社員が共有するので、いったん開発が決まれば、あとは企画から発売まで、すべてを同時並行的に進められます。ロングセラー商品に頼るのではなく、「移り変わる生活者ニーズに常に応え続けようとする」（同社HPより）ことが同社の企業姿勢とのこと。

企業が生き残るには、変化し続けることと誰もが口にしますが、これほどのスピードを実現させている企業は多くはありません。

第6章

設備投資の原則

―労力軽減・省人化・省時間化・省エネに積極投資！―

あなたの会社は、連続して設備投資をしていますか？
世界の大企業を見ると、激しく設備投資して、
ライバルを蹴散らしているでしょ？
うちは大会社じゃないからできない……は腑抜け経営者。
規模は関係ない、弱小こそ、設備投資しないと負ける。
合理化設備投資は、利益爆発をもたらしますよ。

即時減価償却で、がっちり現金を貯める

「第3章　現金最優先の原則」では、経営が厳しいときこそ設備投資を積極的に行えば、現金を手元に残すことができる、というお話をしました。

この設備投資は、単純に生産増を目的とするものではありません。

この章では、設備投資がどれほど効果を上げるのか、もう少し詳しく触れていくとともに、実際に進める上で目安とする指標をどこに置くか、より具体的なお話をしていきます。

「第3章」では、設備投資の例として平鍛造が取り組んだ太陽光発電について紹介しました。

設置を完了し、発電した翌月から確実にお金が入ってくる「現金最優先の原則」をまさに形にした方法でした。こうして、長年どう扱ってよいのかわからなかった広大な土地を、有効に利用することができるようになりました。土地という「固定資産」

を最大限利用し、現金を貯めることができたのです。その前には、苦肉の策で1工場を売却して現金を得ました。

太陽光発電の設置は、1メガワット3億円という高額な設備投資額で積極的に行い、しかもその減価償却は、即時償却の特例を利用しました。

通常の減価償却は、固定資産ごとに平均的な使用可能期間（＝償却年数）にわたって分割して経費として計上しますが、即時償却の場合は1年で全額を償却できるのです。

私が手がけた太陽光発電の場合、3メガワットで9億円を1年で減価償却したのです。これで即、赤字決算が決定します。その上、青色申告ですから赤字は累積します。

つまり、合計で9億円の黒字が出るまで、法人税はゼロです。

通常は、20年償却ですから、9億円÷20＝1年4500万円しか経費にできません。1年間で約6000万円の売電を見込んでいたので、1年目で1500万円の利益に法人税が課税されます。現金は9億円もなくなっているのに、です。

私が言いたいのは、税金はできるだけ後払いがよい、それが、資金繰りを助けるという意味です。

図表O

通常の減価償却と即時償却の違い

太陽光発電事業の
場合（9億円）

流動資産	現金	900,000,000
固定資産		

通常の減価償却の場合
（減価償却年数20年）

流動資産	現金	0
固定資産	太陽光発電設備	855,000,000
損益	売上高	60,000,000
	固定資産税	45,000,000
	税引き前利益	15,000,000

↓

1年目から税金を
払い続けなくてはいけない

即時償却の場合

流動資産	現金	0
固定資産	太陽光発電設備	1
損益	売上高	60,000,000
	減価償却費	899,999,999
	税引き前利益	(▲839,999,999)

↓

法人で青色申告の場合、欠損金
（赤字）は、10年繰り越すことが
できます（欠損金が生じた事業年
度の翌年度以降）

減価償却の仕組みをうまく使うしか現金が残せない。

これが、私が現金を貯めた結論です。キャッシュリッチな上場会社は、すべて設備投資比率が高いのです。

そもそも設備投資とは、新しい設備を入れて生産能力を増加させたり、省人化や省エネを図ったりするために行うものです。

設備投資の効果が出て、売り上げや利益が上がれば、経営全般が向上し利益が上がり、本来ならば税金も増えるはずです。しかし、しばらくは減価償却費でその税金を抑えることができるのです。

Point!

減価償却を上手に活用して現金を残す！

経営が苦しいときこそ合理化に特化した設備投資を

設備投資により、手元に現金を残す方法は、平鍛造の52年分の決算書貸借対照表（28～31ページ）を参照してください。

１９９０（平成２）年に54億円あった長期借入金は、１９９７（平成９）年にゼロ、完済しています。なぜわずか7年で完済することができたのか。それは、連続した設備投資で減価償却費が大きく、かつ、値上げと同時にバブルで仕事が増えるというダブル効果によって大きな利益が出ても、減価償却費という経費で税金が少なくなり、その分現金を留保でき、返済できたということです。

ライバル企業との競争により、毎年の巨額な設備投資は避けられず、創業から約20年、平鍛造の自己資本比率は２％前後、ときにはマイナスになっていました。経営はいつもギリギリ、会社には現金はありませんでした。

その後も「設備投資」を経営の方針として位置づけ、２００８（平成20）年末のリーマン・ショック後もずっと同じ方針でやって来ました。

特に経営が苦しいときにこそ、設備投資は有効といえます。ただし、やたらとお金をつぎ込まず、省エネ・省力化・省人化を図ることを目的として、合理化に特化するのです。生産能力を上げた結果、過剰設備による倒産もよくあることですから、慎重に行わなければなりません。

たとえば、「第4章　アップデートの原則」で紹介したように、事業承継直後の平鍛造にとっての設備投資は、機械をノンストップで使用するなど、多くの場合、設備をフル稼働させるための設備でした。大型の機械をまるごと買うようなことは、決してできませんでした。

大企業の中には、立派な設備を揃えたものの、稼働しないうちに市場が冷え込み、挙げ句は、それが原因で倒産というケースもありました。よく、聞く話でしょう。

まずは、新規の最新設備を導入するよりも、既存の設備を効率よく動かすために投資したほうが、効果は着実で投資額も抑えることができます。

通常の設備投資とは異なり、まるで継ぎはぎのように、既存の大型設備の間を埋めるように小規模な設備投資を行う〝パッチワーク設備投資〟が、平鍛造にノンストップ生産をもたらし、利益爆発を実現させたのです。

パッチワーク設備投資は、既存の大型機械をノンストップでフル稼働させるため、工程時間を削減するため、そして従業員の重労働をなくすための設備投資です。結果、1時間当たりの生産個数を2から10倍（製品による）にすることができました。

資金がなく大きな設備投資ができないときには、「パッチワーク設備投資」をおすすめします。

設備投資する以上、投資に見合うだけの効果を確実に得なければなりません。そのため、私の頭の中で、何度もシミュレーションを行った上で決断しました。

そして、前述のように炉の22時間連続稼働をはじめ、多くの設備の効率を飛躍的に上げることができ、大きな価格競争力を生み出したのです。

設備投資をしたはいいけれど、思惑通りにその設備を用いる製品の注文が入らないことは現実にあります。投資額が巨額になるほど、ダメージが大きくなります。

そうなれば、設備投資によって経営を回復、向上させるどころか、大きな資金マイナスを生み、かえって会社を傾かせてしまいかねません。

不況時ならばなおさらです。命取りにもなります。

図表P

通常の設備投資と
パッチワーク設備投資の違い

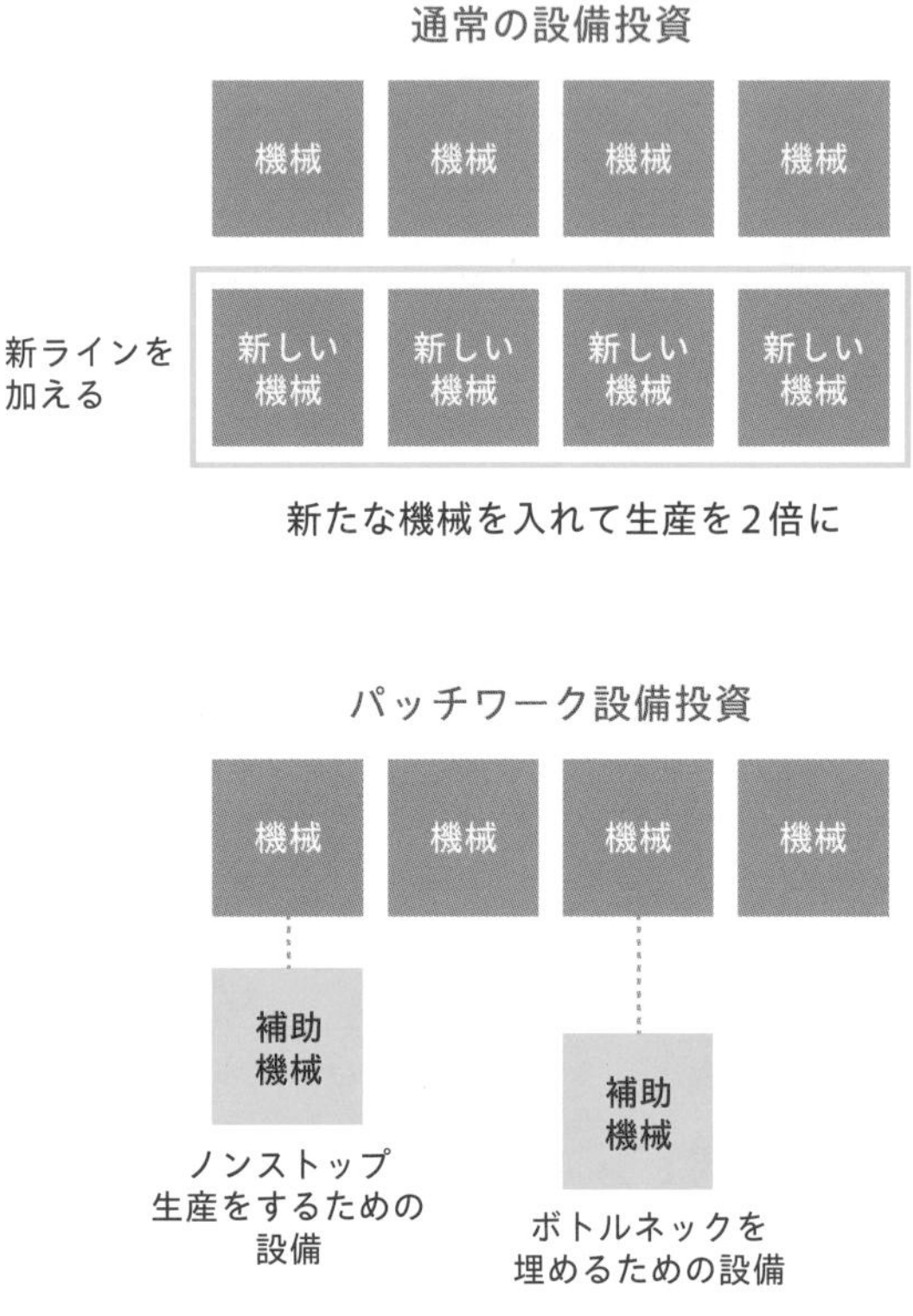

従来の機械をフル稼働させて
生産を2倍に

しかし、このパッチワーク設備投資は、巨額の投資でも、注文増を狙った投資でもなく、効率優先かつ経費削減の投資なので、増産できる設備ができたものの注文を取れない……という失敗はほとんどありません。

父が創業当初から設備投資に大金を投じてきたことは、あとから考えればまったく正しい戦略でしたが、お話ししてきたような原則に基づいた判断だったとは思えません。おそらく、ライバルの拡大競争に、大が小を制すという思い込みで行っていたのでしょう。

しかし、それができたのは、高度成長期という時代背景があったからで、**今は、大きく異なります。慎重に、考えて、考えて、考え抜き、しかも期待以上の効果を上げる、既存の設備の効率アップを狙った「パッチワーク設備投資」を強くおすすめします。実践する場合は、スピードを重視し、決してタイミングを逸してはなりません。**

Point!

経営が苦しいときこそ、勇気を出してパッチワーク設備投資を！

人手不足の解消には設備投資——しぶる社長に未来はない

現在、多くの中小企業は人手不足で悩んでいます。どうすれば人が集まるのか、雇えるのか——講演を行うたびに、必ずそんな質問が出ます。

人手が足りない上に、２０１９（令和元）年４月からは有給休暇の「５日／年」取得が法律で義務づけられました。違反すれば罰金を課されます。人手がないならば、少人数で馬車馬のように働けばよい——そんな昭和のやり方はもう通用しなくなりました。違法になったのです。

人手不足が解消できないのであれば、残った方法は設備投資による省人化しかありません。給与を抑えて外国人労働者を使いコストを下げる方法も、早晩終わりを告げます。

経済協力開発機構（ＯＥＣＤ）が公表した世界の平均賃金データによると、２０２０（令和２）年の平均賃金トップはアメリカ、２位がアイスランド、３位ルクセンブルクと続いて、日本の平均年収は35カ国中22位でした（１ドル１１５円で計算）。これは主要７カ国中、下から２番目。ちなみにお隣の韓国は19位でした。

１人当たり名目ＧＤＰ（国内総生産）においても、日本は２０１８（平成30）年に韓国に抜かれています（国際通貨基金〈ＩＭＦ〉が公表している１人当たりのＧＤＰ。２０１７（平成29）年の物価水準でみた購買力平価〈ＰＰＰ〉によるもの）。

こういった事実からも、外国人労働者が、日本ではなく他国を選ぶ時代になっていることがおわかりいただけると思います。

父が創業時から高額な設備投資を続けたのは、ライバル会社には絶対負けない、という強い意志によるものでした。

その後、平鍛造の経営を引き継いだ私も、売り上げの一定比率で、毎年設備投資を続けました。それは従業員の安全第一、その後は生産の超効率アップのためです。

設備投資は、企業が生き残るための必然の取り組みですが、世の中には、設備投資をためらう経営者は少なくありません。

私は平鍛造の社長時代、そんな経営者に多く出会いました。

設備投資をしない理由の第1は、そこに投入するお金が惜しいから。ひと言でいえばそうなりますが、よくよく聞いてみると、みなさん非常に巧みな〝言い訳〟をして、それがもっともらしく聞こえるから不思議なものです。そんな社長に限って、高級車に乗っていたりします。

ある中小企業の経営者は、パッチワーク設備投資を提案した私に、「その装置を導入すると、従業員のやることがなくなり、ぶらぶらする」と、言いました。

その会社の工場では、積んだリングをチェーンブロックでゆっくり1個ずつ持ち上げていました。そこへ新しい装置を入れてしまうと、短時間で仕事が終わってしまい、従業員が手持ち無沙汰になってしまうというのです。

図表Q

設備投資をしない経営者の主張

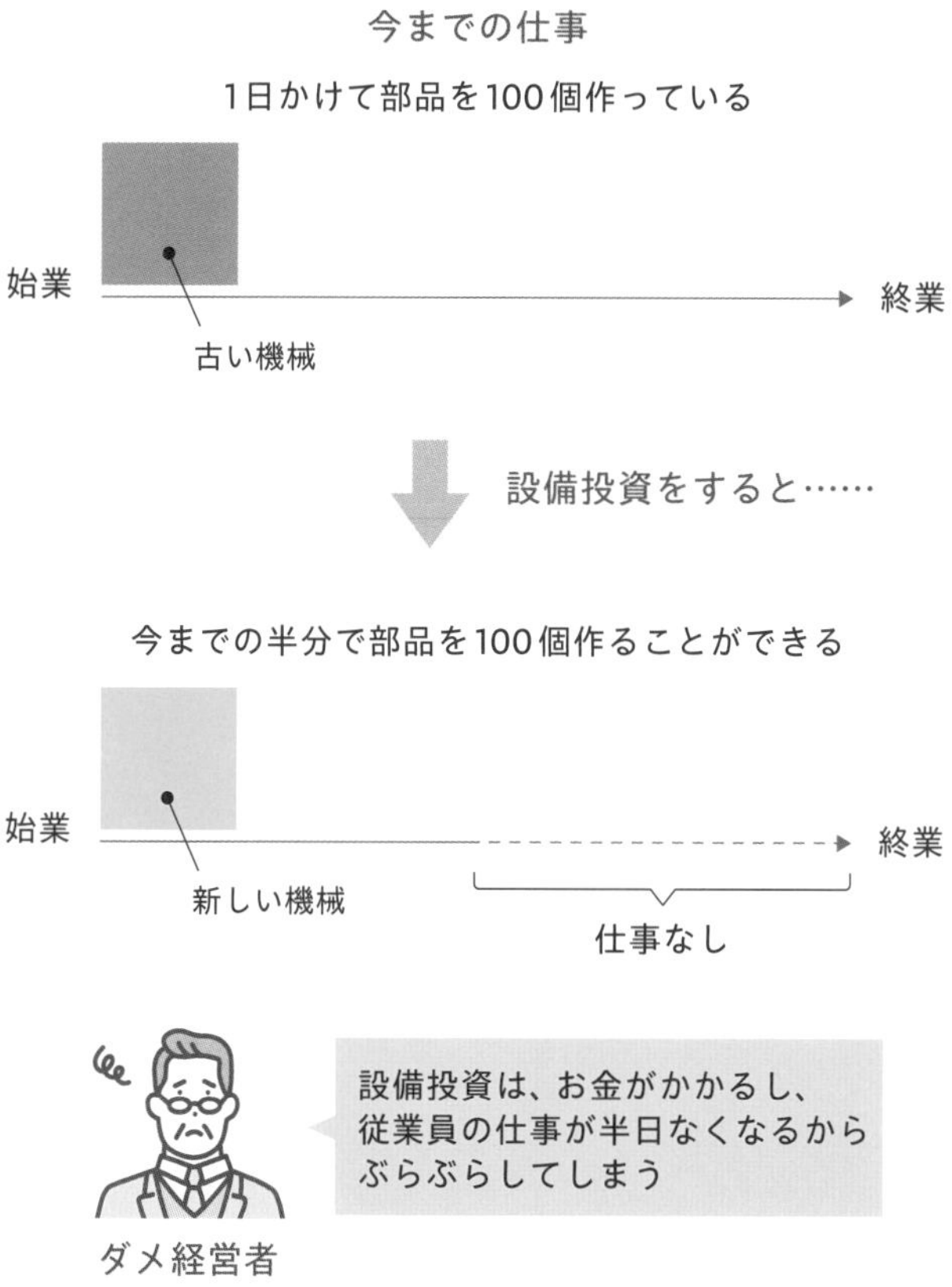
今までの仕事
1日かけて部品を100個作っている
始業
終業
古い機械
設備投資をすると……
今までの半分で部品を100個作ることができる
始業
終業
新しい機械
仕事なし
設備投資は、お金がかかるし、
従業員の仕事が半日なくなるから
ぶらぶらしてしまう
ダメ経営者

しかし、その前後の作業はもちろん、まったく異なる仕事にまで範囲を広げて仕事全体を見渡せば、やるべき仕事は山ほど出てきます。

たとえば、検査や工程管理など、事務所の管理職がやっている仕事はできるはずです。問題は、その従業員がほかの仕事ができないと思い込んでいる経営者にあるのです。

設備投資と同時に、１つの仕事だけではなく、「多能工化」を図ったり、新たな課題に取り組んだりすれば、人手不足解消ができるのです。

あらゆる作業を短縮できるＤＸを導入しない手はない！

最近は、ＤＸ（Digital Transformation＝デジタル技術で生活・社会の形を変えること）が盛んに叫ばれています。改善すべきは製造の現場だけでなく、事務処理も同様です。

英語やカタカナの難しい言葉を聞くと、導入を躊躇する経営者も少なくないと思いますが、決して難しいことではありません。

たとえば、紙に記録していたものは、すべて入力またはスキャンし、そのままデータベースに収める。

経理の帳票、作業日報、製品検査データなどもすべてです。

手書きせず、保存化した現場の情報は、アプリを導入したパソコンならば、現場から離れた事務所でも取り出すことができ、業務の効率化に大いに貢献します。たいていの仕事は、パソコンと専用ソフト（アプリ）があればできてしまいます。

私の平鍛造の社長時代、下請けとして仕事をお願いしていたある会社の担当者は、毎日、夕方になると、平鍛造まで分厚い紙の束を持ってきました。それは、平鍛造に納めた製品の検査結果を印刷したものでした。

その会社ではかつて加工の品質に問題があり、私が作業の工程管理や記録、検査方法などを指導していました。その成果として品質の担当者が、１日ごとに加工製品の情報を持参していたのです。

不良品が発生したとき、返答を長引かせて何かごまかそうとする会社に比べれば、よほど真面目な姿勢といえるのですが、閉口したのは、その紙の量でした。毎日、ひと抱えもある紙の束が平鍛造に運び込まれていたからです。

平鍛造では、その分厚いファイルの１枚１枚をスキャンして、データ保管していました。平鍛造も取引先から不良を指摘されることがあります。そのとき、原因を調査して製造に異常がなかったことを示すため、下請けの企業がつくるこれらの製品データもまとめて保管していたのです。

しかし、そのスキャン作業時間や持ち運ぶムダが気になり、その会社に対し、同じソフトで保存し、送信してもらうようお願いしました。

担当者は乗り気だったものの、決裁する常務から、お金がないのでソフトを導入できないとの回答がありました。カチンときた私は、常務が乗っていた高級車を売れ！と怒鳴りましたが、実はそのソフトはたったの１万５０００円でした。設備投資と聞けば、検証もせず、条件反射的にノーと言う、恥ずかしいオチでした。

これは、大企業でも同様です。後年、親会社になった商社に対し、同じことを提案したときには、ウイルス感染の問題でソフトは導入できないとの回答がありました。

このケースでは、金額の問題というよりも、ＤＸの不勉強からくる無知です。後日、導入しましたが、不勉強で使うにも四苦八苦していました。

多能工化やペーパーレス化で、従業員の就業環境も劇的に改善

平鍛造では、事務職も含めた多能工化と同時に「リスキリング」にも取り組みました。

当時は、まだ、リスキリングという言葉は広まっていませんでしたが、従業員にさらなる技能を身につけてもらうために、外部の「ポリテックセンター石川」に、マクロの習得に行かせました。**マクロとは、Microsoft Excel（エクセル）の作業を自動化する機能を指します。マクロを通じて、データ入力や集計、印刷など、Excelで行うすべての機能が操作可能です。**

普通、多能工化といえば、製造の現場の作業員が、１つの作業だけでなく、複数の作業を行えるようにすることを指します。しかし、平鍛造では、事務社員も含め、全

従業員がどんな仕事でもできるように、さらに上の技能を身につけた多能化に取り組んだのです。

また、お客さまからの問い合わせに迅速に答えるために、製造する製品1つひとつに製造番号をつけて、それをパソコンで入力せず、QRコードで読み込む管理にしました。

製造担当の従業員が、製造現場で作業日報や検査の結果を入力するのです。

これまで作業日報を書いていたのを、情報の入力時から仕組みを変えたのです。

こうして情報をペーパーレス化しておけば、取引先から製品不良を指摘されるなど問い合わせがあっても、パソコンで該当の製品を検索すれば、たちどころに求めるデータが出てくるようになりました。書棚から重く分厚いファイルを取り出し、ページをめくっていく手間はいっさいいらなくなったのです。

ペーパーレス化すれば、場所を取らずに保管することもできます。

ただし、バックアップ機能には注意が必要です。製造現場の従業員は、これまで手で書き込んでいたものを図面上のＱＲコードをスキャンするだけで、入力すべき項目が自動的に出てきます。

製造設備や検査設備から直接データをパソコンに移行させることもできるようになりました。紙に書き込むよりも圧倒的に楽になったのです。

それは、事務担当の従業員にとっても同様でした。

製造現場の情報は、今までのようにいちいち現場へ取りに行かずとも、事務所の自分のパソコンから見られるようにしました。

ファイリングしたり棚にしまったり、それまでのインプットとその証左の事務作業がいっさい不要になったのです。

事務員と製造の従業員を分けて考える必要はないのです。どんな現場社員も管理業務を行い、事務員がフォークリフトで原材料や製品の運搬もする……。そのために技能を身につけたり、資格を取ったり、新たに勉強するために時間をとったりと、さらに会社全体での多能工化を進めることができるようになったのです。会社全体の手間、つまり工数が大幅削減され、各人に時間の余裕ができました。また、急な欠勤にも困らない職場になりました。

図表R

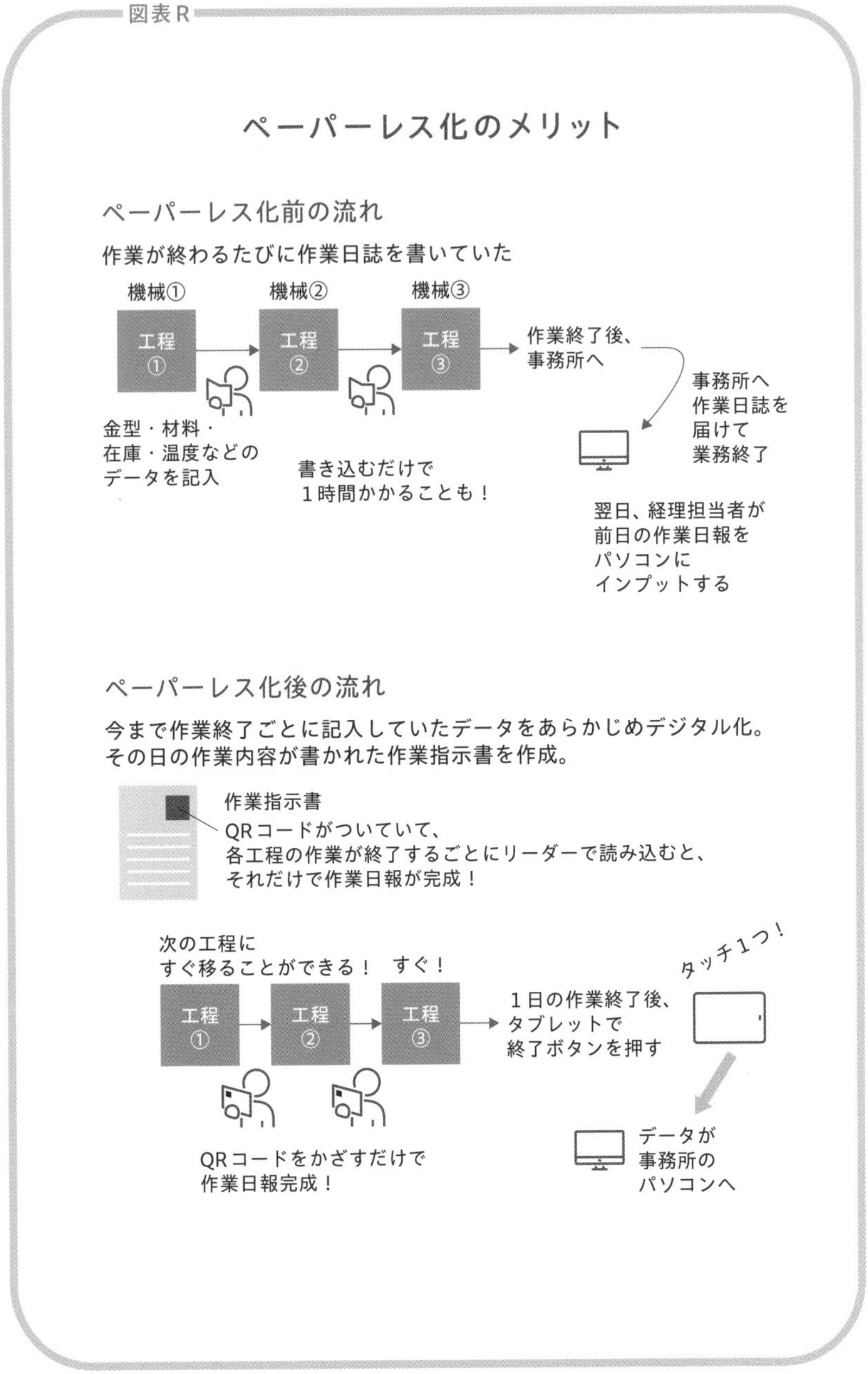
ペーパーレス化のメリット
ペーパーレス化前の流れ
作業が終わるたびに作業日誌を書いていた
機械①
機械②
機械③
工程①
工程②
工程③
作業終了後、
事務所へ
事務所へ
作業日誌を
届けて
業務終了
金型・材料・
在庫・温度などの
データを記入
書き込むだけで
１時間かかることも！
翌日、経理担当者が
前日の作業日報を
パソコンに
インプットする
ペーパーレス化後の流れ
今まで作業終了ごとに記入していたデータをあらかじめデジタル化。
その日の作業内容が書かれた作業指示書を作成。
作業指示書
QRコードがついていて、
各工程の作業が終了するごとにリーダーで読み込むと、
それだけで作業日報が完成！
次の工程に
すぐ移ることができる！ すぐ！
タッチ1つ！
工程①
工程②
工程③
１日の作業終了後、
タブレットで
終了ボタンを押す
QRコードをかざすだけで
作業日報完成！
データが
事務所の
パソコンへ

従業員にとって快適で仕事のしやすい環境を整え、実現していく――これもまた経営者の義務です。

1人当たりの付加価値が高まり、給与をアップして、有給休暇も取りやすくできます。

Point!

設備投資は、安価なパッチワーク設備と、あらゆるDX化で、人手不足解消に効果！ 作業時間を大幅に改善し、残業ナシが可能

「設備投資」をするか、しないか？ 大きな差に

私が平鍛造の社長時代には、「設備投資」への意識があるかないかで、その後の経営に大きな差がついてしまった運送会社を目の当たりにしました。

設備投資の重要性が常に頭にあり、平鍛造に出入りする会社を、設備投資しているか、いないかで判断し、観察していました。

平鍛造には、注文主である取引先から1本数トンから数10トンの鋼材原料が届きます。それを製品にして、客先へ納品しています。

出入りする運送会社よって、30トントレーラーや10トン車の効率が大きく違っていました。

ある運送会社の車両は、常に新車でした。経営者に話を聞くと、車両はあらかじめ使う年数を決めておき、それを超えると必ず新車に替えるとのことでした。古くなった車両は、修理の経費がかかり、トラブルはお客さまにも、従業員に負担をかけるため、どんどん新しいものに入れ替えていくというのです。それがその会社の「設備投資」の方針でした。

車両は古くなれば故障が頻発し、大型のトレーラーや10トン車ともなれば、修理にかかる時間や料金は、ばかになりません。しかも故障はいつ起こるかわかりません。突然、車両が動かなくなれば、約束した納期に材料や製品を届けられなくなることも考えられます。そうなると信用も失ってしまいます。

長距離ですから、運転手の心的負担も大きいはずです。

いずれにしろ、古い車両は思いがけないときに故障し、事故にもつながりかねない、という懸念は消えないのです。

このように、設備投資を会社の方針としてしっかり位置づけている会社もあれば、できない会社もありました。

古い車両しか所有していない会社の経営者と話す機会があり、なぜ「設備投資」をしないのかと聞いたことがあったのですが、社長の答えは「なかなか……」のひと言でした。社長はいつも口癖のように、「儲からない、儲からない」と言っていました。

運送会社で精密な荷物を運搬するには、エアサスペンションを搭載するのが必須です。

エアサスペンションは、空気の力で衝撃を和らげるバネで、荷物を傷つけてしまう確率を大幅に減らすことができます。運送距離が延びれば延びるほど、その差は顕著になります。

また、ウイング付き（荷台部分の側面が開くタイプ）か、平ボディー（屋根のないフラット型のタイプ）かも重要です。

シートを被せて固定するには、ドライバー1人で約2時間かかります。着いた先で下ろすときも、シートを外すのに2時間かかるため、計4時間をとられます。それだけの時間がセーブできれば、ドライバーの負担が減らせますし、運搬の効率も改善できます。もちろん、その時間、走行することができます。

荷主の理解は、それ以上に必要です。強引な納期を押しつけることはできません。ウイング付きのトラックを持っている会社は、女性ドライバーを多く採用しています。

2024年4月から、就労時間の上限が厳しく規制されるようになります。トラックのドライバーに対して、残業時間が限定されるのです。そうなると、「儲からない」「金がない」とぼやいて「設備投資」を渋る会社と、「設備投資」を会社の方針として積極的に位置づけている会社との差は、ますます開いてくるかもしれません。

効率に大きな差がつくだけでなく、ただでさえ人手不足の業界で、ドライバーを取り合うことになったとき、ドライバーは設備投資をする会社としない会社のどちらを選ぶでしょうか。

淘汰が始まります。投資をしない会社は、廃業の危機が来るのではないでしょうか？

運送業界の「２０２４年問題」の解決策は、設備投資が鍵を握っています。

戦略的な「設備投資」が必要であることは、このような例を見ても、はっきりとしているのです。

業界平均を指標に――今の立ち位置を知る

設備投資により、生産の効率や能力を上げつつ、税金をあとで支払う方法は、私が社長に就任してから徹底して行いました。

まず、設備投資で単純な増産を目的にはしませんでした。当時の私にはお金の余裕がなく、とてもそれができる状況ではなかったのです。

私の方法は、パッチワークのように、設備と設備をつないで生産効率をアップすることを目的としていました。大金ではなく、最小の金額で。

かつ、従業員の安全と楽ちんさの追求です。仕事が楽になると効率が上がるのは、当然。

同じ時間内に、ほぼ同じ人数で生産を倍にしていきました。倍、倍、倍ですから、結果16倍の生産にできました。

その結果、当然ながら利益が爆発していきました。

結論として、業界設備投資比率の4倍です。

10年間の投資金額の平均は、売り上げの12・5％でした。年商が１００億円だとすると、毎年10年間12・5億円ずつ投資をするという意味です。

今ではインターネットで製造業、卸売業、小売業、飲食業など、業界ごとの平均値や分布を探すことができるので、自社と比較してみてください。

自社のどの部分を向上させるのか、改善するのか。また、そのためには設備投資を売り上げの何％にすればよいのか……。

私は、目標を具体的な数値で定め、資金繰り表を作成し、ぎりぎり最大限の金額を決めていました。設備投資後は、それが実際にどれほど効果を上げているのか、常に数値で把握するようにします。もし、効果が上がっていなければ、翌年、投資する設備の選択などを見直す参考にします。

こうして修正を繰り返しながら、最も効果が上がる設備投資のあり方を探っていきます。数値を参考に修正のサイクルを回していくのは、改善と同様です。

平鍛造の場合、投資した分、製造の効率を上げることができ、労務費は逆に4分の1に抑えることができました。

設備投資比率と労務比率は反比例の関係にあります。設備投資比率を極力大きくし、労務比率を極力小さくすることを目指すことで、労務比率が小さいのに1人当たりの給与が大きい、最強の経営体質にすることができたのです。

その結果、平鍛造では、多能工である従業員の給料（平均年収は６６０万円）は石川県平均年収の2倍を達成しました。

給料が倍にもかかわらず、労務費は平均の4分の1ですから、仮に給料を平均値にすれば、労務費は平均の8分の1ということになります。そこまで効率化を達成したのです。

業界平均を比較することで、自社が取り組んできた成果がはっきり目に見えるよう

図表S

平鍛造の設備投資にかける割合は
業界の4倍！

（2009～2019年）

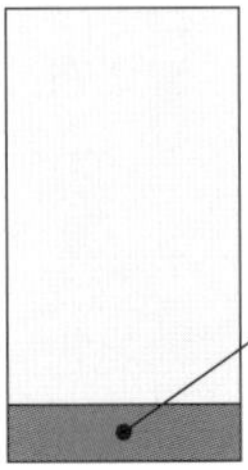

売り上げ

毎年の売り上げの
12.5%を
設備投資にあてた

業界の平均は
約3%

上場企業平均よりも
はるかに上！

結果

製造効率UP！

労務費DOWN！

従業員給与を業界平均の2倍に！

になりました。
私が、繰り返し設備投資の重要性を強調するのは、このような理由からです。

Point!

赤字の会社では、単なる生産増の設備投資は厳禁。
まずは省人・省時間効果のある設備投資を考えること。
それにはまず、パッチワーク設備を考えてみる。

イチオシ

設備投資のカリスマ経営者

稲葉 清右衛門
【いなば　せいえもん】

NC＆ロボットの先駆者から学ぶ設備投資のあり方

2020年10月、日本の偉大な経営者が亡くなりました。ファナックの稲葉清右衛門氏です。

稲葉氏は1946年に東大工学部を卒業して現・富士通に入社。エンジニアとしてモーターやNC（数値制御）の開発に取り組みますが、72年には富士通の計算制御部から独立した富士通ファナックに移り、75年には社長に就任。NC工作機械や産業用ロボットの分野で同社を世界的企業へ成長させました。稲葉氏を「ファナックの事実上の創業者」と呼ぶ人もいます。

稲葉氏が早くから提唱したのがFA（ファクトリーオートメーション）でした。製造現場にNCやロボットを導入して、人間の負担を大幅に引き下げようというものです。また、技術開発部門や事務作業の合理化にも取り組み、従業員の肉体的な負担や病気などを大幅に減らすことができたと言っています。

そもそも設備投資とは、生産能力を上げるため、そして従業員の負担を減らすために行うもの。機械やロボットに単純作業や危険な重労働を任せ、人間には創造的な仕事を存分にしてもらう。能率と人間のどちらか一方を重視するわけではありません。ましてや工場の完全無人化など「不可能」であり、「経営の立場からはまったく無意味」と稲葉氏は言っています。

従業員の尊重を念頭においた設備投資により、また、FAを自社の製品にしたことにより、ファナックは2023年3月の時点で、連結売上高が約8500億円と過去最高を記録しました。

設備投資のあり方にも経営者の考え方は色濃く反映されます。慎重に、かつ、一定の方針を持って臨みたいものです。

第7章

報酬の原則

―高額報酬は、起爆剤！―

高額報酬で、従業員のモチベーションが上がらない訳がない。
モチベーションが上がった従業員は、会社に利益を。
その後社長の報酬が、自動的に高額になるのは当然。
何のために起業したのですか？
金持ちになりたかったのでは？

利益の3分の1は従業員に還元、従業員の平均年収2倍で660万円

会社を維持・発展させていくためには、従業員の力は不可欠、一番重要です。従業員にいつも最大限の力を発揮してもらえれば、これほど効果的なことはありません。そのためには仕事にやりがいを持ってもらうことが一番ですが、仕事のやりがいや働きがいは、人それぞれで多様です。

しかし、誰にでも共通するモチベーションアップの方法は、働きに見合った十分な報酬を用意することです。報酬に満足すれば、従業員はやる気を持ち続け、質の高い仕事をし続けてくれるでしょう。

私がよく言っていた口癖は、「会社のために働くんじゃない、自分のため、家族を幸せにするため、働くんだ」です。

平鍛造では、2021（令和3）年6月、私の退職時、約80人の従業員の平均年収を660万円にできたのですが、初めからそれができていたわけではありません。

設備投資により手元の現金を確保し、絶え間ない改善で生産能力を上げ、ＤＸにより会社全体の事務管理の合理化を図り――といった多様な取り組みを積み重ねたことで、利益を出せるようになり、従業員の報酬も連動してアップしていきました。

必死に生産効率を上げ、合理化を図ってきたのは、仕事も資金もない上に、今まで勤めていた従業員も会社に戻ってくれない極端な人手不足という、まさにゼロからのスタートという背景があったからです。

一方では、仕事がゼロなのに、新たに人を採用する勇気が私にはありませんでした。設備投資により、人がいなくとも製造できる体制をつくらなければならないという考えで、省人化、合理化を図ってきたのです。

人を雇うということには、その人の人生の責任を負う覚悟が必要です。

人を雇ったからには、たとえ仕事がなくなっても、簡単には解雇できません。

設備投資ならば、確かに購入時に資金が必要ですが、パッチワーク設備投資で生産を2倍にし、かつ高額でない機械の導入を考えれば、失敗も少なく効果は抜群です。万が一、使わずに眠らせてしまったとしても一時的な損失で済みます。

解雇は、その人の人生を考えると最悪です。

一定の上限額を設備投資するというルールを会社の戦略の1つと位置づけたことで、平鍛造では、人手に頼らない製造体制をつくることができました。少人数でも高品質の製品を、スピード生産できるようになったのです。

人手不足でしたが、仕事もなく、従業員を増やすことが怖くて、なんとか設備で対応しようと、資金繰り表（キャッシュフロー表）で、入ってくるお金と出ていくお金を毎月、必ず私自身が計算をし、残るであろうお金を、すべてパッチワーク設備に投入していきました。胃を押さえながらの2年間でした。

労働環境も整えたことで、安全で快適な職場が実現し、少人数でも十分な生産効率を上げることができるようになりました。こうして少人数であるにもかかわらず、生産量を増やし、利益も出せるようになったのです。

父はお盆の8月と12月にボーナスを出していたのですが、私は4月にもボーナスを支給することを決めました。5月末決算を前にだいたい1年の利益が見えるので、4カ月ごとの利益を従業員に還元することを決めました。**つまり、ボーナス支給前4カ月間の利益の3分の1を毎年3回支給していきました。**従業員からすれば、忙しく働いた4カ月の見返りとしての現金は、ダイレクトに「やったー！」感があったはずです。

ボーナス日の従業員の笑顔が、私の4カ月に1度の通知表だと考えていました。

同時に、会社全体のモチベーションがどんどん上がり、従業員が規律正しく、かつ、やる気をみなぎらせて、どんなことにもチャレンジする会社の体質になりました。その結果、給料の底上げができ、平均年収660万円を実現できました。

人手不足は従業員の年収アップへの最大のチャンス

このモチベーションにより、従業員自ら、多くの機械や他工場の機械の操作までチャレンジするだけでなく、エネルギー管理士、公害防止管理士、非破壊試験、危険物、マクロプログラムなど、難しい資格も取得してくれるようになりました。

工場には、各工程で多種の製造・搬送装置がありますが、製品によって使用する装置は異なり、またその機械を操作する従業員は固定しがちです。専門的な技能を習得すると、それ以外の機械・装置までを操作しようとしないのです。

必要なときに、必要な技能を持った製造現場の従業員が不在でも仕事が滞らないよう、誰もがどの製造装置も同じように使えるようにしたことで、ノンストップ生産を可能にし、製造効率を飛躍的に上げることができたことは前述した通りです。

また、炉を冷やさず効率的に使うために、２つの工場の従業員が、隔週で１工場に集中して働くようにした改善は、いやが上にも、使い慣れない設備を使わざるを得ませんでした。

「多能工化」は会社にとって必須の課題であり、私は社長時代、全社的に多能工を育成する方針を打ち出し、そのために教育の時間も設けました。

新しい機械の操作方法など新たに知識や技術を取得すれば、それに見合って報酬が上がるように、社内資格の技能体系を整えました。勉強して新しいことを１つ覚えるたびに、段階的に給料が上がっていくようにしたのです。

やる気のある従業員は、積極的に多くの資格を取得してくれました。

たとえば、①鍛造ローリングでの仕上げ工程、②旋盤での製品加工、③旋盤での金

図表T

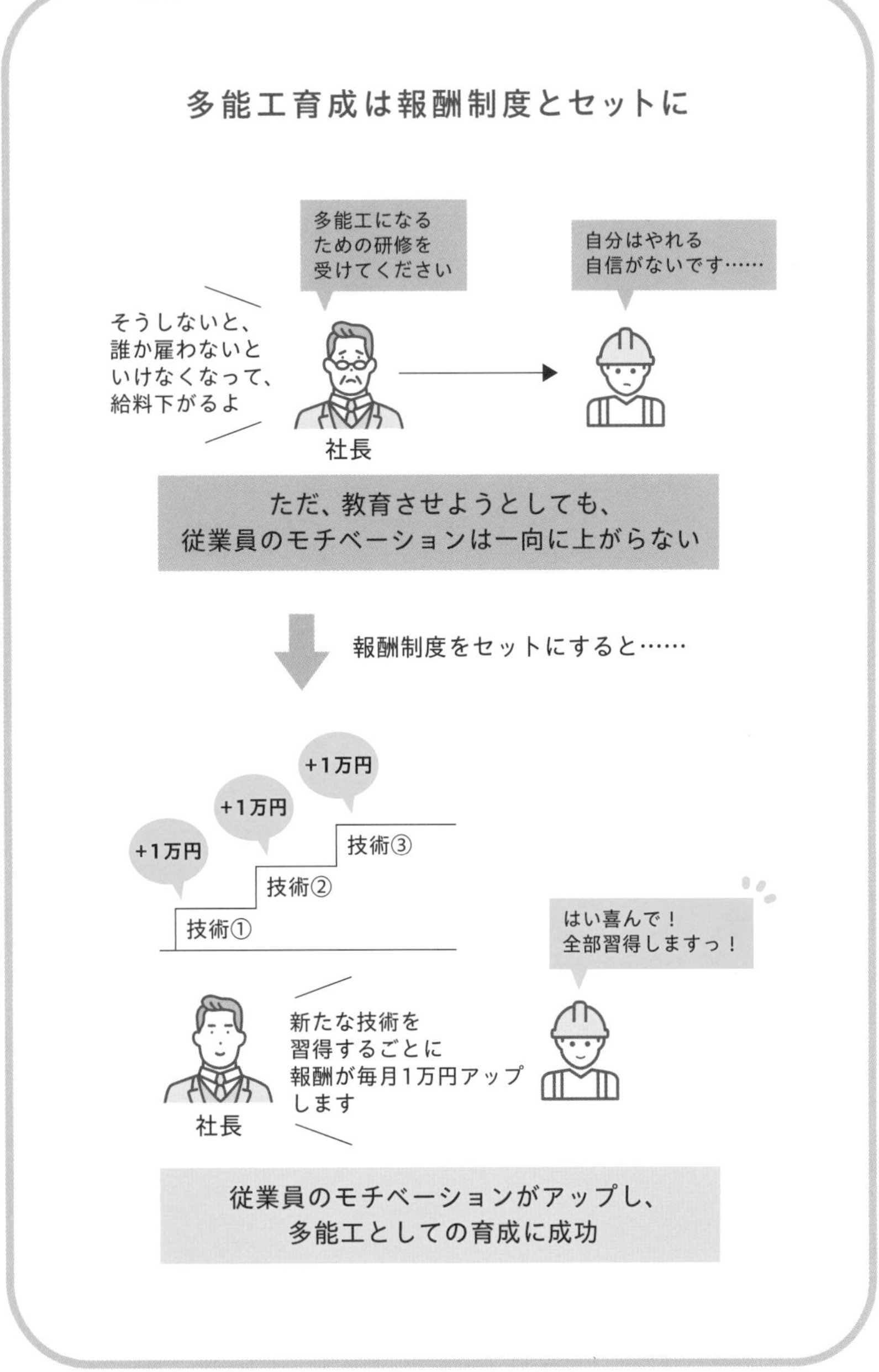

多能工育成は報酬制度とセットに
多能工になるための研修を受けてください
自分はやれる自信がないです……
そうしないと、誰か雇わないといけなくなって、給料下がるよ
社長
ただ、教育させようとしても、従業員のモチベーションは一向に上がらない
報酬制度をセットにすると……
+1万円
+1万円
+1万円
技術③
技術②
技術①
はい喜んで！全部習得しますっ！
新たな技術を習得するごとに報酬が毎月1万円アップします
社長
従業員のモチベーションがアップし、多能工としての育成に成功

型加工――この3種類の仕事ができる者を「マルチ社員」と名づけ、忙しいラインへ適宜、派遣していました。マルチ社員には、月5万円の手当を支給しました。

ほかの人がやる気を出すようにも、促しました。

その間、いろいろな問題が発生したのですが、試行錯誤を経て、最後は全社的な多能工の育成に成功しました。技能教育を報酬に関連づける会社の雰囲気は、利益が爆発していく中で、従業員のやる気で満ち溢れていました。年功序列ではなく、努力をすることで給与がアップするという仕組みは、私の強い意志から生まれたものでした。

これは、成功したと思っています。

教育と報酬を関連づける方法が有効なのは、製造現場に限りません。

平鍛造では、普段、事務所で総務や経理などのデスクワークをしている女性事務員にも、フォークリフトの免許を取得してもらいました。部門を超えた多能工化です。

製造の注文が殺到したとき、何より忙しくなるのが製造現場です。製造に関わる従業員には製造に集中してもらいたい。1つでも多くの仕事を仕上げてもらいたい。

そこで、材料を製造現場へ運んだり、できた製品を倉庫へ運んだりする仕事は、普

事務所で総務や経理などのデスクワークをしている女性事務員にも、フォークリフトの免許を取得してもらいました。

段製造現場にはいない従業員も動員してこなしていこうと考えました。全社一丸で製造に集中できる体制を実現しようと考えたわけです。ほかにも、公害防止やエネルギー関連の資格を取得すれば、月額で手当てを付けるようにもしました。

もちろん、リーダーや課長、部長などに昇進し、マネジメントや後輩の教育に関わるようになれば給料を上げていきました。管理職手当は、男女同じレベルにしていました。基本的な賃金体系に加え、努力に応じて報酬がアップする道筋をいくつも用意しておけば、従業員のやる気は増し、最大限の成果を上げることができます。絶えず勉強を続けて新しい知識や技術を身につけていこうという文化を、社内に根づかせることもできるようになります。

平鍛造では従業員の報酬を、最終的に石川県平均年収の2倍にまですることができました。これは、設備投資や改善の積み重ねによる製造現場の効率化など、あらゆる取り組みが総合的に作用した結果ですが、〝意欲ある従業員には、絶対的高額な報酬を取ってもらいたい〟という、私の強い意志がなければ実現できなかったでしょう。

設備投資をはじめ、DXの取り組み、労働環境の改善、一方では海外市場の開拓など、多様な取り組みを積み重ねて利益が出たのなら、従業員の給料を上げるのは至極当然です。

そうすればまた利益が出て、さらに報酬にも反映でき、従業員のモチベーションはもっとアップ……、という好循環が生まれていくのです。


Point!

努力には報酬で応える社長の強い意志とその仕組みで、会社のすべてがうまくいく！

社長は可能な限り高い報酬を

社長の報酬についての質問もよく受けます。どの程度の報酬を受け取っていいものなのか。結論からいえば、オーナー社長ならば高い報酬を得るべきです。

なぜなのでしょう。

オーナー社長とは、会社の株式の全部か大部分を持っている人です。つまり、当然、株主であり、かつ経営者です。全責任を負う者です。

会社を起ち上げたときは、将来うまくいくかどうか、本人でも確信は持てません。また、そんな会社に簡単にお金を貸してくれる金融機関もありません。

今でこそ、ベンチャーキャピタルやクラウドファンディングを用いた資金調達が可能になりましたが、以前ならオーナー社長は、自身で起業資金を準備しなければなりませんでした。

うちの父を例にとれば、日本一の鍛造屋になりたくて、立て続けに高額な設備投資を行いました。銀行はそのための資金を融資してくれましたが、その代わり、会社の設備には当然ながら、自宅とその土地までにも担保が何重にもかけられました。

昭和の時代は、オーナー社長ならば自分の個人資産を担保に入れて、その上、個人の無限保証を入れるしか方法がなかったのです。

そこまでリスクを背負い、事業を軌道に乗せられれば万々歳。経営が順調にいけば、何も問題はありません。

しかし、現実には経営には山もあれば谷もあります。大きな壁にぶつかり、まったく身動きが取れなくなってしまうこともあるのです。最悪、会社が倒産してしまった場合、社長は全責任を無限に負うことになります。

法律的には株式会社は有限責任なのですが、金融機関は、オーナーには無限保証をさせていたのです。最近では、スタートアップの起業家には個人保証を負わせてはならないという論調が大きくなっています。

昭和の時代は、自分で会社の全責任を負っていたのです。

私の知人が社長を務める会社は、債務超過に陥っています。

ある日、ちょっとした仕事をお願いすることになり、信用調査をかけてみたところ、彼は、「会社は有限責任だから大丈夫」と言っていましたが、片方では親の居住している家や土地までも担保に入れていました。

万が一の場合、彼は自分の家族はもちろん、親までも路頭に迷わせてしまうかもしれません。株式会社なので責任は無限責任ではない、といったところで、実質はそのように簡単ではないのです。中小企業の経営者には、ここまでの覚悟が必要です。

実際に会社が危機に陥ったとき、真っ先に責任を問われるのはオーナー社長です。

会社が倒産すれば従業員は失業し、会社が培ってきた技術も伝統も潰えてしまいます。危機になれば周りは冷たくなります。それまでは、どうかお金を借りてくれと頭を下げていた銀行が、会社の経営悪化を知った途端、すぐに貸したお金を返してくれと言い始めても不思議ではありません。

会社を救うための資金もまた、オーナー社長が出すしかありません。そんな事態に備えて、オーナー社長は、日頃からできるだけ高給を取って貯めておくべきです。

Point!

最終的に責任を取るのはオーナー社長。ならば、高給を取るべき！

会社の利益よりも大切なこととは？

私が行っているセミナーに参加を希望していた2社に、決算書を見せていただく機会がありました。2社とも連続的に利益を出していて、事業は順調に見えます。しかし、社長の給料は、その利益に見合わず極めて低いものでした。

どちらもオーナー会社です。社長の給料を低く抑え、会社で利益を出しておく方針のようです。そういう経営者が多いのも事実です。

法人税率は40％ですが、個人にかかる所得税はそれよりも高く45％になります。住民税も加えれば、個人で納める税金は、累進課税の最高で給料の55％ほどになります。

それならば、お金は個人で持つのではなく、会社に置いておけばよい。社長の給料を少なくして会社にお金を残し、税率の低い法人税を納めるほうが得である。理屈は確かにそうです。

オーナー会社ですから、お金の使い途は、社長の一存でほぼ決められるはずです。個人で持っていようが、会社に置いておこうが、大きな違いはないという考え方です。

また、会社にお金を残して利益としたほうが、取引先や金融機関に対する世間体もいいでしょう。銀行でお金を借りるとき、あるいは取引先が決算書を見たいと言いだしたとき、少しでも会社に利益があったほうが融資も受けやすいでしょうし、取引先も安定供給先として判断してくれます。

逆に利益が少なければ、銀行は融資を渋るかもしれません。初めての取引先は、取引を躊躇するかもしれません。だから社長の給料は低く抑えても、会社の利益を確保しておこうと考える気持ちは、理解できないわけではありません。

逆説的ですが、そうであるのなら、会社の利益を出す、そして従業員に還元する、その上社長は高額の給料を取ろうと固く決心するという強い気持ちで経営に臨んでほしいのです。

なぜ、オーナー経営者なのですか？

自身の勉強、努力だけでなく、考えて、考えて、考え抜いて、全身全霊で行動し、従業員の待遇をよくして、報酬も取ると決めていたのでは？

すでに申し上げたように、会社の経営には必ず山も谷もあります。

己の決断で何もかもできるのが、オーナー経営者なのでは？

中小企業の社長報酬＝全従業員の年給与が目安

オーナー社長が高給を取らなければならない大きな理由の１つに、相続・事業承継に対する備えもあります。

会社を引き継ぐには、先代から自社株を譲り受けることになります。譲渡にせよ、贈与・相続にせよ、いずれにしても譲渡税と贈与・相続税は、かなりの額になります。物納はできません。まとまった現金がなければ、借金をすることになります。

また、いくら広大な土地を相続したとしても、あるいはいくら価値のある自社株を相続したとしても、すぐに現金にはできません。

特に自社株については、会社の後継者ならば、経営権を維持するために簡単に人手に渡すわけにはいかないでしょう。

土地や自社株という非常に価値のある財産を相続したとしても、高額な譲与税や相続税の納付のために借金をして、それが会社の運営に支障を来してしまうことにもなりかねないのです。せっかく継いだ会社を、贈与・相続税のために潰してしまう可能性もあります。

だからこそ、日頃から即、現金に換えられる財産を有しておく必要があります。

相続・事業承継がいかに難しいか、特に相続する側の人間にとって、いかに負担の大きいものなのかについては、前著『これ1冊でもめない損しない相続・事業承継』で触れましたが、そこでも強調したのが、現金を用意すべし、ということでした。

納めなければならない相続税の額をあらかじめ計算し、高い税金を納めても、会社を安定的かつ競争力を保った状態で維持していくために、自分がいったいいくらの給料を取るべきか、冷静に早期に準備すべきです。自ずと社長の報酬額が見えてくるはずです。低い額ではとても継続できません。社長の月給の目安は、全従業員の年給与です。

それを聞いて、「えっ？　そんなに高いの」と思う人がいるかもしれません。従業員の中にも、不平を言いだす人が現れるかもしれません。しかし、オーナー社長ならば、従業員と同レベルで自分の給料を考えてはいけません。

図表U

オーナー社長は、
相続・事業承継のために現金が必要

広大な土地や自社株などを持っていても、
すぐに現金化することは難しい

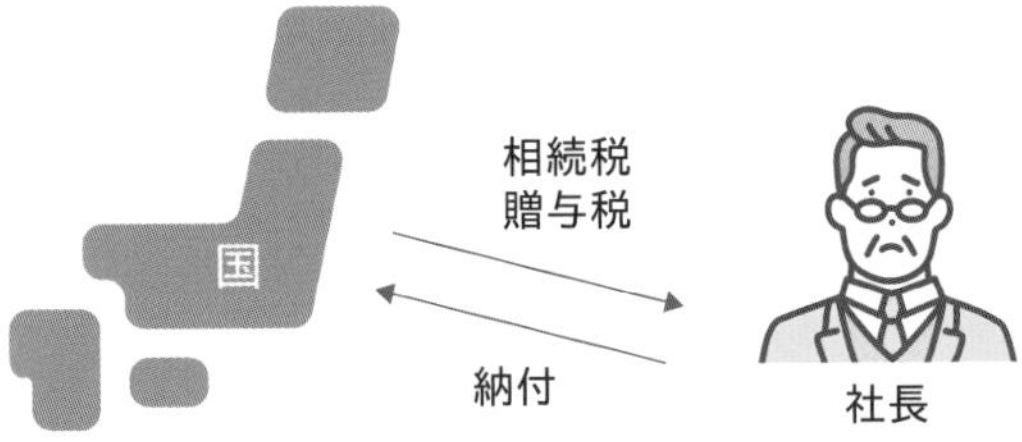

高額な税金を現金で納めなくてはいけない

現金が必要になるときは、
ある日突然やってくる！

背負っているものが違います。違いすぎるのです。誰がなんと言おうと事業を続けるために、その額を計算してみてください。

社長はじめ役員の報酬は、事前に申告しておけば問題はありません。次の期の報酬を早めに決めて、税務署に申告しておけば適正として認められます。

期の途中からアップした場合、差額分については経費として認められず、損金不算入ということで税金をかけられてしまいます。

繰り返しになりますが、社長の月給の目安は、全従業員の年給与（賞与を除く）です。多すぎるか？　少ないか？　ぜひ試算してみてください。

Point!

来たるべき贈与税・相続税の支払いのためにも、
オーナー社長は現金を保有しておくべし！

イチオシ

富のカリスマ経営者

山内 万丈

【やまうち　ばんじょう】

莫大な資産を引き継ぐ経営者の社会的責任とは？

花札を扱うお店の3代目として生まれ、世界的なゲームメーカーにまで発展させた任天堂の山内溥《ひろし》氏は、2013年9月に亡くなりました。世界の長者番付に入るほどの資産でした。

子どもたちは相続税納付のため、株の一部を売却せざるを得なかったといわれています。ここでも事業継承に多額の現金が必要という教訓が浮かび上がってきますが、もう1つ、後継者の1人、孫の山内万丈氏の動向に、山内溥氏のDNAが現れています。

莫大な資産を相続した万丈氏は、運用会社を立ち上げて資産の運用に乗り出しました。その事業の1つが、創業の地である京都の街おこしです。京都・鍵屋町にあった任天堂の旧本社社屋をホテルに改装して2022年4月に開業。周辺の菊浜エリアの土地や建物を買い上げ、地域を流れる高瀬川の護岸工事に3億円の寄付も行って、地域全体の再開発に乗り出しました。

資産運用会社は「4つの理念」を掲げていますが、その1番目には、「山内溥のレガシーである、『独創性』、『チャレンジ精神』、『先見性』、『ユーザー目線の思考』を継承していく」、3番目には「リーダーシップをもって日本の社会課題の解決のために投資を行い、**富を社会に還元することで社会とつながっていく**」（Yamauchi No.10 Family OfficeのHPより）とあり、それらを実践したわけです。

万丈氏が引き継いだ資産は桁違いのものですが、誰であれ何かを引き継いでいることは同じです。創業者であっても、時代背景があって創業が可能になったわけで、それを掘り下げ、社会貢献する姿勢があって初めて事業の意義が見えてくるはずです。

第8章

自己責任の原則

——従業員任せじゃ利益爆発の会社にならない！——

政治や経済のせいにし
挙げ句の果てには、従業員のせいにするようでは、
大チャンスはつかめない！
社長なんだから、なんとかしようよ。
世界を牽引する会社では、社長が全責任を負っている。

「政治・経済のせい」にしているバカ社長では問題は解決できない

経営環境が激変し、それまで順調に入ってきた注文がパタリと途絶え、業績はみるみる悪化、あっという間に倒産へ……。そんなことがいつ起こってもおかしくない世界情勢です。リーマン・ショック、東日本大震災、コロナ禍などが起こり、それが、実際にあり得ることを証明しました。

振り返ってみれば、過去にも多くの経済的な危機が訪れました。

記憶している限りでも、ＯＰＥＣの石油価格の引き上げと量の削減で、世界経済に強烈なダメージを与えたオイルショックの１９７０年代、１９９１（平成３）年の日本の土地バブル崩壊による経済の低迷、２００８（平成20）年のリーマン・ショックなどなど、数え上げればきりがありません。

そのたびに「うちの業界の不況は構造的なもので、ライバル会社も売り上げが激減している……」「政治家は何をやっているのか」「人口減では、仕方がない」……大会社の営業会議でも「昨今の景気低迷により……」が、常套句《じょうとう》になっていませんか？

経営者ならば、絶対に会社の業績を景気や部下などのせいにしてはいけません。

「景気が悪いから業績が落ちた」と言ったところで、誰も同情はしてくれません。

それどころか、「業績が落ちたって！　借金も多いのに、あの会社は危ないのでは？」などと憶測を呼び、景気のどん底低迷期では、噂倒産もよくあることです。

オイルショックのときも、バブル崩壊のときも、「景気が悪いから会社が潰れた」と言ったところで何もならない上、無能のラベルが貼られただけです。

一方で、それを機に売上増、利益増にした会社もあります。ピンチには、２極化が鮮明になります。ここで、ピンチをチャンスにして大成功する者が出てきます。

そのキーワードが、「トップの自己責任」で、考えて、考えて、考え抜くことです。

経営者は、どんなことにも自分自身で解決するという強い意志で考え抜くべきです。

私が、平鍛造を父から事業承継したあとに、安全第一の目標でさまざまな改善をした話は、前々著（『なぜ、おばちゃん社長は「絶対安全」で利益爆発の儲かる工場にできたのか？』）で詳しく書きました。

その安全対策が進み、工場内での労災事故がほぼゼロになっていたのですが、1人の従業員のたび重なる遅刻に悩んでいました。しかもある日、遅刻寸前だからと、猛スピードで運転し、自損事故を引き起こしたのです。これも労災です。

私は、従業員の遅刻も、経営者である私に何か問題があるのでは？　と考えました。どうすれば従業員による遅刻や事故を防げるのか？　を解決しようと、問題点や解決策などを書いてみました。それが235ページにある「1人反省会シート」です。

シートを見ていただくとわかりますが、私は遅刻そのものをなくそうとするのではなく、「遅刻してもいいから、遅れた時間分の仕事を終業後にすればよい」と、宣言しました。〝会社や経営者が遅刻を認めていて従業員の規律が保てるのか〟と、いぶかる方もいるかもしれません。

当時の平鍛造の従業員は、省人化設備と多能工でモチベーションが高くなっていて、ボーナスをどんどんもらっている段階でした。

そういった事情も影響してか、規律が乱れるどころか、遅刻してもその者を咎《とが》める雰囲気もなくなり、従業員同士のチームワークが一層よくなりました。

その後、事故を起こした従業員はマルチ技能者（鍛造仕上・金型旋盤・製品旋盤の

3ラインの仕事の技能取得者の呼称）になり、遅刻することもなくなったのです。

固定観念を排除した〝遅刻もＯＫ〟というルールで、遅刻がなくなったというエピソードは、どんなことも従業員のせいにしないで、社長として自己責任を追求し、考え抜いたことが思わぬ成果を生んだ一例といえるかもしれません。

一方で、経営者が〝業績が悪いのは景気のせい、政治のせい、従業員のせい〟と考えているうちは、解決しようという発想は絶対に生まれません。

悪いことは、すべてを受け止め、自分が先陣を切って乗り切る。何が起きても「自己責任」としてものごとに立ち向かう。そうして初めて、どんなことにも決してひるまない、諦めない必死の覚悟と決意ができるようになります。

大ピンチこそが大逆転の原点です。


Point!

すべては自分の責任と思うことで道は開ける！

図表V

1人反省会（KPT）シート

テーマ

安全対策を最優先にしたことによって社内での
労災事故がなくなったのに、出勤事故がなくならない

このまま続けたいこと（Keep）	これから挑戦したいこと（Try）
①遅刻者は仕事に対して、前向きにやる気があり、能力もある。 ②これを維持して、さらに技能をアップしてもらいたい。 ③他ラインが忙しいときの手助けも、嫌な顔をしないでチャレンジしている。	①出勤時の事故をなくすため、『遅刻してもいい。安全運転で出社せよ』と全員に宣言する。 ②遅刻したら、その分給与から引かず、遅刻した時間分の仕事をしていけばよいこととする。 ③家の事情は聞かない。 ④本人に、能力があること・チャレンジ精神があることを評価し、遅刻しても気にするなと言う。
問題点（Problem）	
①月に1回以上遅刻をする。 ②朝寝坊し、スピードを出して事故も起こした。 ③子育てや家事分担に負担がかかっているのか？ ④遅刻を注意したら、逆に遅刻が増えた。	

結果

ほぼ遅刻がなくなった。
「遅刻をしてもよい宣言」は、
安全第一の観点から発想したことで、
全社に、なお一層の安全第一の文化を定着できた。

図表W

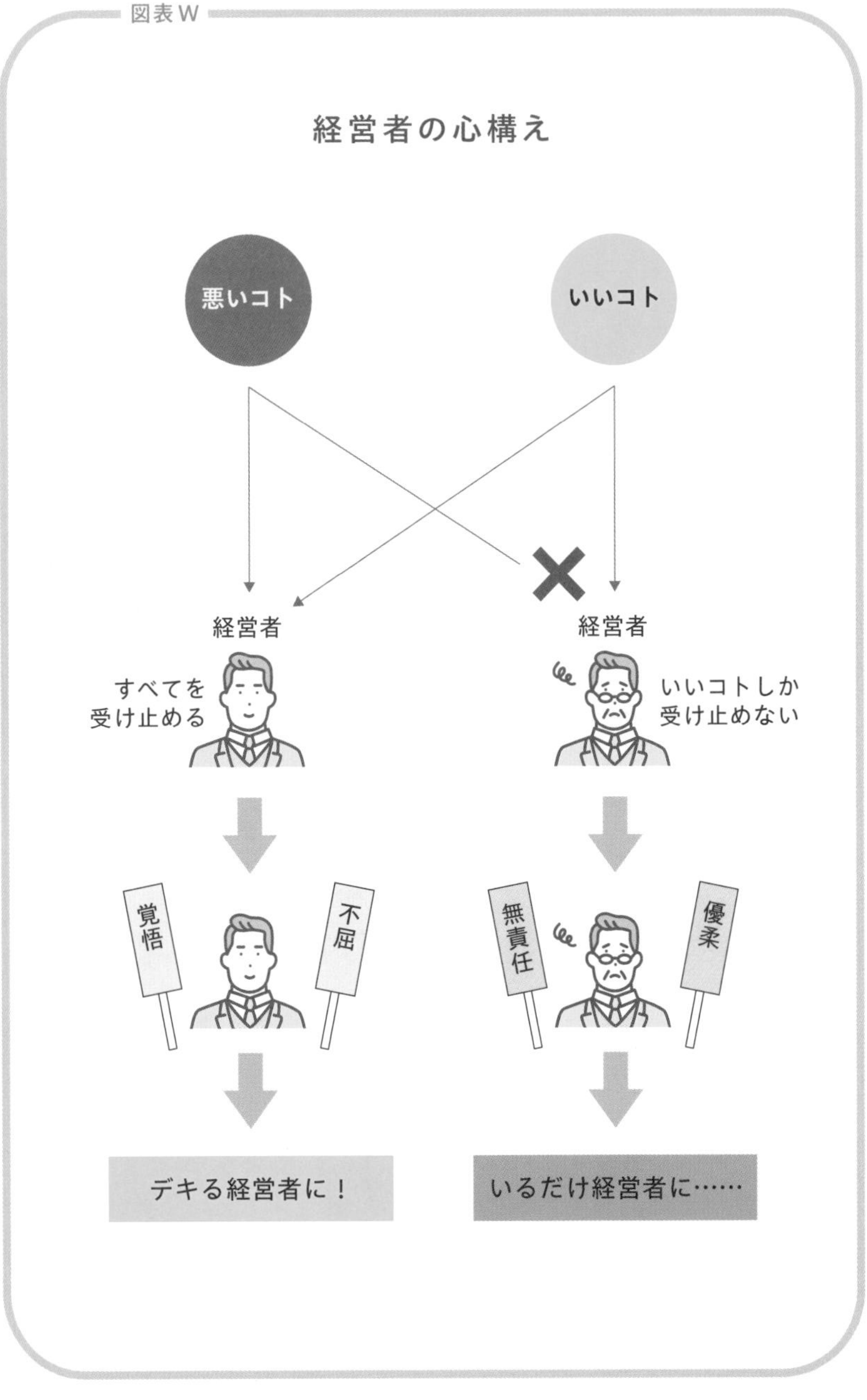
経営者の心構え
悪いコト
いいコト
経営者
すべてを
受け止める
経営者
いいコトしか
受け止めない
覚悟
不屈
無責任
優柔
デキる経営者に！
いるだけ経営者に……

国内が苦戦ならば、逆転の発想で海外へ

２００９（平成21）年、私は父から平鍛造を引き継ぎ、社長に就任しました。ところが父は、直前まで会社を廃業すると取引先に通知していたため、仕事はまったくありませんでした。前年の秋にはリーマン・ショックがあり、世界中が大不況に突入していました。

私の社長としてのスタートは、どう見ても最悪の船出だったわけです。

それでもなんとか１つの工場を売却することで、当座の回転資金を準備できたと思った途端、東日本大震災です。テレビで何度も流される津波の映像を見て、大変なショックを受けました。冷静になって会社への影響を考えましたが、どう考えてもプラスに作用するとは思えませんでした。

さらに、なぜか、その直後に急激な円高になりました。大震災と津波で多くの人が亡くなり、家屋は流され、会社は潰れ、甚大な被害が出ました。地域経済はもちろん、日本全体が大きなダメージを受けたことは間違いありません。

福島第1原発の放射性物質漏れ事故も重なり、国際社会は、日本の大ピンチと捉えていたはずです。

それにしても、日本の国力が衰えているはずなのに円高になるなんて、どう考えても不思議な現象でした。日本が、国内復興に多くの予算を投じると判断されたのでしょうが、世界経済、世界の投資家の残酷さを感じざるを得ません。

しかし、とにかく世の中は、往々にしてこのようなことが起こるのです。

そして円高は、仕事が戻っていない平鍛造にさらなる大きな打撃を及ぼしました。

平鍛造の取引先は、輸出企業である大手建設機械メーカー、ベアリングメーカー、そして石油掘削用パイプメーカーです。

その大手メーカーにとって、主なマーケットは海外です。海外での販売の割合は大きく、円高になれば世界競争力が大きく下がり、注文が取れなくなります。予想通り、ほどなく平鍛造には、予定していた案件の失注連絡が続きました。

減ったどころではなく、すっかりゼロになってしまったものもありました。

震災も円高も取引先の業績悪化も、平鍛造がどうにかできる問題ではありません。「仕方のないこと」です。しかし、だからといって、震災だから注文が減った、円高だから仕事がなくて当然、などと外部環境のせいにはしていられません。

国内で従来のお客さまから注文を増やすことはもはや無理、と見た私は、逆転の発想で円高下に海外を狙うことにしました。最初に挑んだのがシンガポールでした。

この顚末《てんまつ》は「第1章　ライバル分析の原則」でお伝えした通りです。

すでにシンガポールのメーカー相手に取引をしている国内のライバル企業の動向を徹底的に調査し、平鍛造の技術の高さが、ここでは武器にできると判断しました。

より質の高いものを、より安く売る方針で、シンガポールのメーカーと交渉することで、短期間でシンガポール市場の開拓に成功しました。

円高ですから、日本から製品を供給することは割高になり、海外メーカーとの取引は不利になるはずです。それでも私が勝算ありと踏んだのは、以前、国内建機メーカーと取引していたときの経験があったからです。

当時、そのメーカーはアメリカに現地法人を設立し、組み立ての稼働を始めました。その工場の購買部長として赴任した方は、それ以前、国内工場で平鍛造の担当してくれていた方でした。

国内で、従来のお客さまから注文を増やすことはもはや無理、と見た私は、逆転の発想で円高下に海外を狙うことにしました。最初に挑んだのがシンガポールでした。

アメリカの現地法人でも、当然、平鍛造から輸入してくれました。その商流は、国内工場へ納め、それを海外向けに再梱包して、この関係子会社が輸送していました。

ところが、2年ほど経ったある日、１９８５（昭和60）年の急激な円高でアメリカ国内との競争に負けたリストに、平鍛造が入ってしまったとのことでした。

私は慌てて国内の本社へ出向いて事情を探りました。すると驚くべきことがわかりました。

平鍛造の商流は、日本の本社にいったん納めたあとに、本社では管理費を上乗せし、平鍛造が納めていた値段の1・5倍の値段でアメリカの現地法人へ納めていたのです。

本社が入るだけで、管理費が50％も上乗せされていたのです。

もし、平鍛造の部品に50％の管理費が上乗せされなければ、円高であっても十分に競争力のある価格だったと説明されました。

シンガポールや中国のメーカーへ営業に出かけたときも、私は平鍛造の価格競争力に自信を持って、自社の製品を売り込みました。

結果を見れば、シンガポールでは、日本の鍛造メーカーとの競争では、10戦10勝でした。しかしながら、中国の鍛造メーカーには全敗でした。
ともかく日本国内の不況による仕事ゼロから、海外に打って出たことで大量受注を獲得でき、大きな希望を持てるようになったのです。

Point!

国内での取引が厳しいなら、国外に目を向ける！

材料高騰で危機！　海外調達を狙う

しかし、状況は刻々と変化します。
２０１５（平成27）年、日本の鉄鋼業界は一時的に活況を呈しました。
業界の好況は、平鍛造にとっても喜ばしいはずですが、事態はそう単純ではありません。材料が高騰し始めたのです。納期はタイトで、鋼材はいつ入ってくるかわからない状況になりました。

国内メーカーの取引先には、材料高騰分の値上げを認めてもらえました。しかし、当時の平鍛造は大量発注先の顧客がシンガポールのメーカーでした。日本国内の材料高騰による値上げを、海外のメーカーが認めてくれるはずもありません。

材料価格をなんとかしなければなりません。ところが、国内の材料はどんどん高騰を続けています。どこも材料の取り合いになって、価格が上がっているだけでなく、納期が遅れ、不足してしまう事態に陥っていました。挙げ句の果てには、注文は要らないと言われる始末。そこで私は、ここでも海外に活路を求めることにしました。材料を海外から調達するのです。目指したのは中国でした。

前述の通り、中国市場へは、平鍛造のつくる部品を売ることはできませんでした。しかし、材料購入ならば可能でしょう。中国製の鋼材を調達するのです。

私は中国の湖北省の省都・武漢へ飛び、そこからさらに車で2時間ほどの黄石《こうせき》市へ向かいました。PM2・5で、車の色がわからないほどの空気の悪さでした。遠かった。

到着したのは、春節（中国の旧正月、日本の1月末~2月）開け、翌日でした。

よくぞここまで来たと大歓迎され、まだ休みぼけの空気が漂う幹部社員の方々と工場を見学し、同行した窓口の商社が、鋼材を大量に購入する契約をしてくれました。

中国からの材料調達は成功したのです。

中国・黄石の鋼材を材料として輸入することは、実は以前から考えていました。かつて鍛造品製造のライバル企業といえば、国内以外ではもっぱら韓国、イタリアでした。ところがその頃、耳に入るようになっていたのが、中国の鍛造メーカーでした。

日本の鍛造会社は、失われた30年で仕事が大幅に減少していましたが、一方の中国の鍛造会社は、中国国内の需要が多く、ハイエンドな設備投資にも積極的でした。

私は、中国市場を開拓しようと思ったとき、海外ですでに強力なライバルとなっている中国のメーカーが仕入れている材料の調達先をあらかじめ調べていたのです。そのおかげで、中国の鋼材を購入することができたわけですが、日頃の調査がなければ、このような迅速な決断はできなかったでしょう。

Point!

スピーディーかつ的確な決断は、日頃のリサーチ力が大事！

職場の改善も、権限ある経営者の「自己責任」

「景気が悪い」「政治が悪い」「運が悪い」と嘆いている限り、「仕方がない」と諦めるマインドから抜け出すことはできません。解決策は何も浮かんでこないでしょう。

つい先日も、そんな経営者に出会いました。

売り上げが上がらないのは営業のせい、経費削減の改善ができないのは工場のせい、財務がよくないのは経理のせい——要するに、うまくいっていないことはすべて自分以外のせい、というわけです。この会社は長期的な赤字を続け、ついに債務超過へ陥りました。しかし、「部下のせい」にしている限り、事態が変わるとは思えません。

この会社が負のスパイラルから抜け出すことはないでしょう。

逆に、すべてが自分の責任であり、経営者として自分がなんとかしなければと覚悟を決めた瞬間に、状況は好転していきます。それが私の言いたい、この章の「自己責任の原則」です。

自分にすべての（営業も製造も人材も財務も）責任があると自覚し、考えて、考えて、考え抜くと、解決策が思い浮かびます。そこまでに至らなくとも、助言してくれる人の顔が思い浮かんだりして、とにかく次の打つ手が見えてきます。

前々著『なぜ、おばちゃん社長は「絶対安全」で利益爆発の儲かる工場にできたのか？』で詳しく書いたことですが、工場での改善に取り組むきっかけとなったのが、会社での弟の事故死でした。絶対安全な職場をつくらなければならない――私はそう決意し、自分の責任を深く自覚しました。

職場で事故が起きたり、危険な箇所が見つかったりしても、安全対策を従業員に任せていれば、マニュアルの項目が増えるだけです。危険な場所や、危険な作業の方法をマニュアルに加えて、「マニュアル読んでやったのか？」、「注視しなさいよ！」と、発破をかける程度がせいぜいでしょう。

しかし、従業員はマニュアルを隅から隅まで読んでいるでしょうか。

マニュアルに危険な箇所や作業が書いてあったとしても、実際に事故が起これば、「マニュアルに書いてあったじゃないか。それを読まなかったお前が悪い！」と、ケガをした従業員本人のせいにされるのがオチです。

マニュアルは、安全担当社員のアリバイでしかありません。

父の時代の考え方は、「気合を入れろ」でした。つまり、ケガをした本人の責任でした。熱く、かつ7トンまでの重量金属の塊《かたまり》を加工していくのが平鍛造です。危険は常に隣り合わせで、従業員はそれを承知で仕事をしているはず。毎日、毎日の作業で、一瞬たりとも気を抜かず、作業中ずっと「気合いを入れていられるかな？」が、私の疑問点となりました。

会社内で、「労災ゼロにする安全第一」こそ、トップが自らの責任として率先して行うべきだと考えました。現場に張りついて、仁王立ちをして考え抜きました。

安全、快適性、すべて私自身の「自己責任」。絶対、改善する、改善してみせる。

そう固く決意して集中した瞬間が、スタート地点になりました。

その自覚のもと、製造設備や作業工程を見直し、結果10年後、使っている設備は入れ替わっていました。事故を誘発した作業そのものをやめるという発想、その作業に代わる装置の導入など、あらゆる可能性を考え尽くしました。

もっと、なんとかならないか、さらにさらに、工夫できるところがあるのでは、と絶えず自分自身も調べ、従業員にも呼びかけ、経営者が先頭に立って改善を続けていくのです。製造の現場を歩き、目を見開いて少しでも危ないところが見つかれば、すぐに改善することにしました。改善後も満足せず、さらなる改善を繰り返しました。

その結果、工場や倉庫では、人が歩くスペースと、フォークリフトの通路をきっちりと分ける、熱中症対策のため壁をぶち抜いて風を通す、作業員が入ることができる急速冷却室を設けるなど、数々の改善を実現しました。

また、事故があれば、どんなに小さなものでも徹底的に原因を究明し、その改善に挑みました。少しでも危険を減らすため、数千万円の投資で製造設備を入れ替えたことは、1度や2度ではありません。

危険な箇所や作業が見つかれば、改善することはもちろん、危険な箇所、危険な作

Sketches of My Life

工場や倉庫では、人が歩くスペースと、フォークリフトの通路をきっちりと分け、熱中症対策のため壁をぶち抜いて風を通す、作業員が入ることができる急速冷却室を設けるなど、数々の改善を実現しました。

業そのものをなくすことも考えました。３工程の作業を２工程にし、２工程の作業を１工程にし、最後は作業そのものが不要になるよう工程全体を見直すのです。

本当の安全を確保しようと徹底して実行したおかげで、私が社長を退任するまでの４年間は労災ゼロでした。同時に職場は働きやすくなり、生産効率が大幅に向上したのです。安全対策のために使った労力と投資は、生産の大幅な効率アップとして、利益爆発の大きなリターンとなりました。

Point!

自社の職場環境をよくするには、経営者の責任感と改善に対する強い決意が大事！

図表X

安全対策→働きやすくなる→生産効率向上

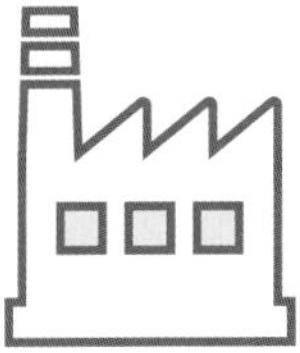

SAFE
WORK PLACE

安全な職場

↓

楽かつ働きやすくなる

↓

従業員の意識が変化

・休憩って長いとかえって疲れるな……
・休憩するくらいなら早く帰りたい！
・テキパキ働けば給与がアップするかも……

↓

生産効率UP！

自己責任のカリスマ経営者

川鍋 一朗

【かわなべ　いちろう】

ソフトもハードもすべて自身の勉強で開発

スマホを使った配車アプリの「GO」は、2020年９月、首都圏や阪神など17地域でサービスを開始。瞬く間に全国に普及し、2023年６月現在、鳥取と島根を除く45都道府県で利用されています。このアプリの立ち上げを実現させたのが、日本交通の代表取締役社長であり、GO株式会社の代表取締役会長である川鍋一朗氏です。

川鍋氏は、祖父が1928年に創業したタクシー会社、日本交通の３代目です。2000年に日本交通に入社し、2005年には34歳で代表取締役社長に就任して業界で最年少の社長ともてはやされますが、現実は厳しいものでした。バブル期の不動産投資が焦げつき、日本交通グループ全体で1900億円もの負債を抱えていたからです。

川鍋氏は驚き、怒り、社内で怒鳴り散らしたといいます。しかし、それでは社員はついてきません。自らが再建の主体であると自覚して社員の協力を仰ぐように姿勢を改めました。

その後も銀行から大幅なリストラを迫られるなど苦境は続きましたが、タクシーとITの融合に希望を見出していきます。

2010年、改革の１つとして力を入れたのが、配車アプリの開発でした。当初は社内で使用していましたが、やがてどの会社でも使える「JapanTaxi」を改めてリリース。2020年には競合だったDeNAの「MOV」との統合を果たし、「GO」として立ち上げたのです。

巨額の負債を知って当たり散らすだけならばここまではできなかったでしょう。川鍋氏はサービス向上のため自らドライバーも経験し、配車アプリの開発では、自らプログラム修得すべく学校に通い、先導しました。大きな危機を前に、経営者としての「自己責任」に向き合うことが、川鍋氏の大きな転機となったのです。

第9章

トップ営業の原則

―すべては営業から始まる―

営業で顧客とつながり、市場の動向を知り、売り上げる。
ぐずぐずしていると、資金が底を尽く。
それから動いても、後の祭り。
市場の最前線に立ち、アンテナを張る。
部下に任せてはいけない。

社長がトップ営業して即断即決で、片っ端から仕事を取りまくる

何度か触れてきましたが、私は１９８９（平成元）年に、それまでの「自己資本比率」の低さをなんとかしようと、製品の値上げ交渉に挑戦しました。値上げは創業以来、初めてのことでした。

それは、とにかく手元に現金を持ちたい、帳簿上の利益よりも現金を優先すべしという「第３章　現金最優先の原則」の実践だったわけですが、同時にそれはこの章の「トップ営業の原則」の実践でもありました。

一般的に、営業としていきなり相手先を訪問して、こちらの希望通りに注文をいただく、値上げに応じていただけることは、まずありません。

10社訪問したところで、10社すべてに断られても不思議ではないでしょう。

しかし、念入りな下調べをして、しかもトップ自らが営業に向かえば話は違います。

その大きな理由の１つは、会社の代表として営業するので、価格の決定や納期を回

答するにしても決断が早くでき、「上司に聞いてから」、「持ち帰って後日返答します」などと言う必要はありません。

専務時代の当初は、会社の営業トップとして、私1人で営業先や見積金額などを決めることができていました。専務の私にとって、上司は会長の父と社長の弟でしたが、当時は2人とも、営業に関しては私に任せてくれていたのです。

ただ、製品の値上げについては、父は猛反対でした。そんなことすれば仕事がなくなると、怯えていました。

「今、値上げをお願いしなかったら、一番怖い倒産が目の前です」と、私が力説したためしぶしぶ認めました。

値上げの交渉に臨むに当たって、平鍛造が製造する部品1つひとつについて、材料費はもちろん、加工のための人件費、製造加工に用いる機械の減価償却費など、それまでどんぶり勘定だった製造原価を個別に計算し直しましたが、それよりも間違いのない方法がありました。

それはライバル分析です。値上げする我が社の鍛造品が、他社ではどこにもできない品質の製品だからお願いできたのです。

取引先にも、事情があります。どれほどこちらに値上げしなければならない理由があっても、反論され、他社に出すぞと脅され、本当に転注されるかもしれないのです。しかし、他社には真似のできない、代わることのできない製品であることがわかっていたので、言い方は丁重に、このまま値上げをしていただけないならば、平鍛造は倒産するという実情を説明し、粘り強くお願いしました。

結果、すべての客先が事情を理解してくれました。

交渉前には、客先からどのようなことを言われるのか、あらかじめ予想し、いくつかの反論をメモし、想定問答集のようなものを常に用意していました。

考えられる限りの会話を準備しておきます。相手を言い負かすことは、決してしてはなりません。平鍛造が値上げしたとしても、先方にとって決してマイナスにはならないことを理解していただけるよう、丁寧に何度も説明していくのです。

熱意を表現できることも、経営の苦境を説明することも、トップ営業ならではのものでしょう。

専務ですから、会社の経営危機は百も承知しています。この値上げの交渉を成功させなければ、会社に明日はありません。そんな悲壮感を伴う決意で挑むのですから、熱意が違います。客先にも、平鍛造の倒産は損失であると理解してもらいました。

営業のトップが交渉に挑むのと、たとえば営業部長が交渉するのとは大きく異なります。実際の交渉では、会社の実情（倒産）を背景に、まさに「切羽詰まった」思いで交渉に臨みました。

それだけ準備したかいはありました。当時は、バブル初期でどの会社も増産を計画していました。生産力があり品質に優れた製品をつくれる平鍛造との取引をやめる選択肢はあり得ませんでした。こちらが望む通りの値上げに応じてくれたのです。

トップ営業を成功させるには、熱意だけでなく、自身の目標やすべきことを常に意識することも大切です。ただ、経営者は日々あらゆる業務に忙殺されて、ついつい忘れて過ごしがちなので、手帳やノートなどに書き込み、定期的にチェックするとよいでしょう。私も1冊のノートに、目標としていることや、ふと浮かんだアイデア、懸案事項、営業先リストなど、ありとあらゆる事柄を書き込んでは、常に見直し、頭の中を整理しています。

Point!

営業は、会社のトップである社長が行う！
ライバル分析も念入りに！

自社にも顧客にも利益を

トップ営業の大切さは、すでに多くの人が語っています。

私が経営の勉強を始めたとき、真っ先に読んだ一倉定氏の本には、それが強調されていました。多くの赤字企業を立て直した、社長専門の経営コンサルタントです。

一倉氏は、経営者と一般の営業社員とでは、そもそもモノの見方が違う。経営者は自社の経営の全体が見えている。その視点で相手先に乗り込み、営業をするのだから、熱意も意気込みも伝わる、と述べています。

また、相手の話す言葉の真意も深く理解できる。取引先がふと漏らしたひと言から、

その会社の実情を知り、業界の動向を理解し、市場全体の変化を読み取ることができるのが経営者だ、とも。

また、交渉の場ではいろいろなやりとりが交わされますが、中には想定外のことも飛び出します。それに対しても臨機応変に対応でき、ここぞというときに即決できるのも、経営者だからできることだと書かれていました。

このように「トップ営業」の大切さを、私は一倉定氏から学びました。

中小企業のトップが自ら第1線に立つのは、営業の場だけとは限りません。特に私が平鍛造の社長になってからは、営業はもちろん、製造現場、従業員教育、財務なども、すべてトップダウンで決断し、取り組みました。

中小企業の社長の強みは、とにかく会社の経営に関わることなら、どんなことでも自ら挑戦することができ、その結果についてもすべてに目が行き届くことでしょう。

大企業の場合、さまざまな分野畑からトップに昇進するため、どうしても得意・不得意な分野ができてしまいます。自分で決断できずに、人に任せてしまうことも往々にしてあるのですが、中小企業は人任せにする余裕などはなく、トップが何もかも即

図表Y

トップ営業と一般営業社員の比較

一般の営業社員はあまり物事を広く見ていない

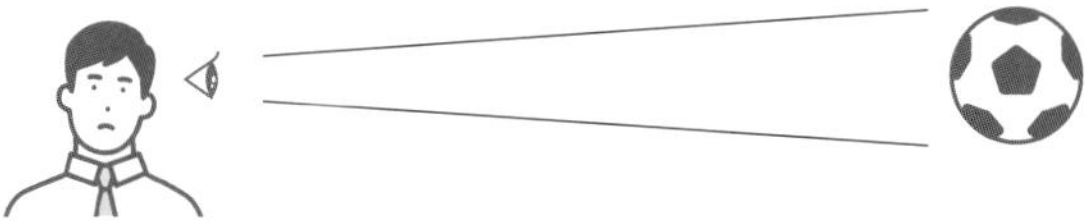

経営者は物事を広く、全体で見ることができる

**経営者は広い視野を持っているからこそ、
臨機応変に対応することができる**

断せざるを得ません。余裕がないのに、部下に任せて会社が赤字になり、そこから脱出できずに低迷している会社が多くあります。

小さい会社だという大きなメリットを、ぜひ社長自身の勉強と努力、熱意でうまく活かしてほしいものです。

特に、本章で展開するトップ営業の原則は、すべて自分で決められる中小企業のトップの行動力が存分に活かされる分野です。

私の値上げ交渉は、勉強のかいもあってうまくいきましたが、相手が難色を示すことは十分に考えられます。思っただけの値上げに応じてくれなかった場合、どこで妥協するのか、できるのか——。

妥協は、絶対に必要です。強硬値上げで仕事がなくなる可能性もあるので、経営者が客先の状況を自分自身が肌身で感じて、責任を持って判断すべきです。

もちろん、あらゆるパターンの想定問答集をつくっておくのですが、それさえも超える想定外の事態になったとしても、社内のすべての事情が頭に入っているトップならば、その場で臨機応変に的確な妥協点を探り出せるはずです。

仮に値上げ交渉が思ったようにうまく進まなければ、中小企業のトップならばその時点でも即断できます。

バカの1つ覚えのような1点張りは、危険です。

上場企業が客先の場合には、担当者が感情的になり、損してでも他社に出すことを厭わない人間がいることも事実です。思っていたより値上げ幅が少なくても、現状よりもマシなわけで、今はその価格で少し様子を見て、再度お願いする方法もあります。

営業は、その場そのときに合わせて柔軟に考えることが大切です。

自社内の経営状況が、すべて頭に入っているトップだからできるのです。

働けども経営が空回りの弁護士事務所をどう改善？

私の著書を読み、ぜひ指導を受けたいと、ある弁護士事務所からご相談がありました。ご主人が弁護士で、奥様が総務経理で仕事をされています。

ご主人はもっぱら弁護士業務に専念されています。

話を聞いたところ、その弁護士事務所は忙しいのに、なぜだかうまくいかなくなってきているとのことで、さらに詳しく聞いていくと、まさにトップ営業の必要性が浮かび上がってきました。

たとえば、1年も2年も関わっている案件があるのに、それに対して依頼者からは1円ももらっていないというのです。決着が着いた段階で請求するシステムにしていたようですが、いつ終わるのかもはっきりわかりません。

すべての仕事をそんな調子でやっているようでは、いつまでたってもお金は入ってきません。

私は、依頼者に経費の請求を交渉すべきだ、とアドバイスしました。案件が継続している以上、事務所は、毎月なんらかの仕事をしているはずです。その時間を計算し、時間分の報酬としていただけないか交渉するのです。

女性はさっそく、この弁護士事務所がやりかけている仕事をすべて整理し、それぞれの仕事についてどれほど進行しているのか、どれほど時間がかかっているのか、一覧表にまとめました。このような**改善では、まず第1に現状把握が重要です。**

それまでは、お金をいただいていなかったのですから、突然の請求の申し出に相手は驚くかもしれません。「申し訳ありません」と低姿勢を保ちつつ、言うべきことを丁寧に、納得できるように、職員の給与を払っていること、事務所の経費が毎月かかっていることなどを説明する必要があります。

ただ、それでも相手は納得せず、支払ってくれないかもしれません。そんなときは、粘り強く毎月、請求の電話をします。

どんな状況であっても交渉に臨む強い意志を持つのです。そうすれば、言い方は丁寧で穏やかでも、理路整然と説得力のある話ができるようになります。

その後、女性は「スピードの原則」を実践し、すぐに3人の女性を雇用しました。私でさえ驚いて、「えっ、なぜ3人も同時に雇ったんですか？」「経費は、大丈夫ですか？」などと聞いたところ、「やりかけの仕事が数多くあることに気づいたからです」という回答でした。その後も、「設備投資の原則」を参考に事務管理ソフトも導入したと報告がありました。

ご主人には弁護士としての専門の仕事に集中してもらう。そして、仕事のスピードアップを実現し、早く案件を処理し請求する。事務所全体を効率化させる意図です。とにかく早く仕事を終わらせて請求する、という決断をされました。

どんな状況であっても交渉に臨む強い意志を持つのです。そうすれば、言い方は丁寧で穏やかでも、理路整然と説得力のある話ができるようになります。

この奥様は、「トップ営業の原則」を実践しながらいろいろ感じることが多かったようで、さらに「自己責任の原則」や「現金最優先の原則」なども取り入れ、事務所の改善を実行しました。

数カ月後、「今期の結果を見ていただきたいです。おかげさまで、大きな破産管財人の仕事も取りました」と、報告していただきました。

トップ営業ならば、新しい依頼者の複雑な案件にも、トータルでいくらかかるか、時間でいただくのか、着手金でいただくのかといった料金体系も、すぐ伝えることができるでしょう。ご主人が築いてきた実績や、それに対する仕事の負担も振り返れば、正確な仕事の単価、時間当たりの報酬も出せるでしょう。そこまでできれば、概算の料金体系を新たに作り直すことも可能になります。

取りかかっている仕事の依頼者に、途中から支払いを申し出るのは難しくとも、新しい依頼者の仕事から、新しい報酬システムで始めることは比較的容易でしょう。

ここまで進めれば、働けど働けど、現金が入らない状態から抜け出せるのです。

「第3章　現金最優先の原則」を本章の「トップ営業の原則」で実現しようというわ

けです。

依頼者である奥様であり、総務経理の責任者は、ゆくゆくは弁護士法人としての〝事業の拡大〟に意欲を見せています。

新しい市場を開拓するためには、未知の顧客を探し出す必要もあるでしょう。そんなときでも「トップ営業の原則」の姿勢は生きるはずです。

「コマツみどり会」から学ぶ、上場会社とそれを支える協力企業の絆

1989（平成元）年から平鍛造の専務となり、トップ営業を担うことになってから、私は次のようなことも経験しました。

取引先の中でも、最大手の1つが建設機械メーカーの小松製作所でした。小松製作所は、同社に部品などを供給する取引先（当時、約145社）を組織して、「コマツみどり会」を再構築しました。

コマツみどり会の取引先は、小松製作所にとって取引額の大きい重要な下請けというわけですが、親睦が目的で組織されたわけではありません。小松製作所の経営方針を実現するため、その意志を直接伝えるための会という位置づけでした。

1993（平成5）年頃、小松製作所は、世界トップシェアのキャタピラー社の背中が見え、「今こそ、世界一に」をスローガンにされていました。そのため、協力企業との強固な協力体制を築くことで世界一に挑もうとしていました。

コマツみどり会は、月に1度、なんらかの会合がありましたが、弟が社長として顔を出していました。小松製作所側は、営業には素早い経営判断ができる立場の人間が担当することを望まれていました。

こんなこともありました。建機事業本部長である専務の主導で、下請けである協力会社も建設機械の販売を協力する活動が始まりました。私は全力で販売協力しました。

そして、みどり会トップの成績で表彰を受け、私は、当時の専務に小松製作所の本社でお会いすることができました。

その面会時、「この活動の実績で仕事を増やすとの前提がありましたので、私、全力を尽くしました。どうか仕事を増やしてください」と、直談判しました。結果、

2008（平成20）年には、平鍛造の年商140億円の半分が、小松製作所からの仕事になりました。

2000年代、日本企業の多くは世界一の海外戦略を目指していました。安い労働力や市場を求めて中国や東南アジアなどに工場を建設し、製造や物流の拠点を築いていきます。そして2010年代には、世界的な市場である中国でのサプライチェーンの構築が大きな課題となっていました。

当然、小松製作所も海外に視線を向け、部品を供給する関連取引先にも協力を求めました。コマツみどり会の中には、共に海外進出してほしいと要請され、実際に進出していった取引先もありました。

平鍛造は、みどり会からの退会で中国進出協力会社から落ちこぼれました。そのため、独自で倒産した中国・大連の鍛造会社を買収できないかと現地へ乗り込みましたが、中国では他国の会社が営業し、利益を出せる状況ではないことを肌で感じました。販売も無理。

これが、トップ営業をしての自身の市場リサーチでした。しかしながら、材料の購入はできると感じ、実際に購入ルートの確保に成功しました。

　こののち、中国企業の世界市場での台頭や中国の自国政策などの影響で、小松製作所と共に中国へ進出した協力会社は、ほぼ全社撤退しました。

　社会は、加速度的に変化し続けています。経営環境が急激に変化する現在だからこそ、トップ営業、あるいはトップが現地へ赴きリサーチすることが、ますます重要になっているのです。


Point!

トップ営業が、どれほど会社経営に重要かを理解している経営者は少ない！

イチオシ

トップ営業のカリスマ経営者

永守 重信

【ながもり　しげのぶ】

トップ営業とは、市場に自社技術を適用させること

自宅の納屋を改造した社屋で、モーターメーカーの日本電産（現・ニデック）を創業したのが永守重信氏です。1973年に立ち上げた同社は、現在、グループも含めると従業員は10万6000人以上、連結の売上高は２兆2000億円（2022年度）という大企業になりました。

永守氏が自身の経験から再三再四強調するのが、トップ営業の重要性です。

「ベンチャー企業を立ち上げたとき、経営トップがこれだけは他人に委ねてはいけない、というものがある。それはマーケティング（セールス）である」――これは、彼の著書『永守流　経営とお金の原則』（日経BP）の序章で語られている言葉です。

同書には、まだ会社が無名だった頃、日本企業からは相手にされないため、単身アメリカに飛び、営業活動に専念したエピソードも書かれています。その結果、スリーエムから注文を得たのですが、そのときも、**「創業してまもない企業にとって大切なのは、技術よりもマーケティングである。一にも二にも、三にも四にもマーケティングなのである。何をどう売るのか、実際にモノを売っていく力、販売力が問われるのだ」**（同上）と、ここでもトップ自らが営業に関わる大切さを説いています。

永守氏は自社の技術に自信を持っていましたが、それが顧客ニーズを満たすかどうかは別問題とも自覚していました。「技術だけでは会社は伸びない」など、技術屋（エンジニア）を軽視するようなことも語っていますが、これは彼自身がエンジニアだったためでしょう。経営者になったからには、市場と真正面から向き合わなければ会社は成り立たない。自分を厳に戒めた言葉だったのでしょう。

第10章

コンプライアンスの原則

―どんなに苦しくても違法なことに手を出さない―

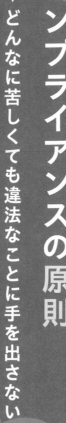

最後の原則になりました。
スタートアップ起業家の失敗は勲章であり、
次の挑戦（成功）の糧になるという人もいます。
ただし、コンプライアンス違反者は
再度の挑戦や、投資を受けることはできない。
法令遵守《じゅんしゅ》、経営者のバックボーンは信義です。

苦しくなると、至るところに不正の誘惑

コンプライアンス（法令遵守）は当たり前のこと。

異論のある人はいないと思います。子どもでもわかることです。

しかし、日々のニュースを見れば、違法なことをしでかして、社長や役員が記者会見の席上、深々と頭を下げる光景は珍しくなくなりました。

２０２３（令和５）年７月、中古車販売大手のビッグモーターが、自動車保険の保険金を水増し請求していた事実が発覚し、悪質極まりない手口、強欲の極みが明らかになりました。事故車の修理にあたり、ゴルフボールを靴下に入れてわざと車両を叩いて壊したり、ドライバーで車両に傷をつけたりして、保険金を水増し請求していたのです。

２０２３年３月にも、豊田自動織機によるフォークリフトのエンジンの排ガス認証に関わる不正がありました。

また、２０２２（令和４）年８月には、日野自動車のデータ改ざんがありました。

認証がなければ、製品を売ってはなりません。利益優先で、不正をしないと売上目標が達成できないと考えたのでしょうか。

話は少し古くなりますが、2000（平成12）年6月の雪印乳業による集団食中毒事件も忘れることができません。同社の大阪工場で製造した低脂肪乳によって（原因は、北海道の工場で生産した脱脂粉乳による）、1万人を超える人が食中毒を起こした事件です。日本を代表する食品ブランドによる事件というだけでも大きなショックでしたが、記者会見の席上、社長と工場長のちぐはぐなやりとりで危機感のなさを露呈し、その上、会見後に責任を問われた社長が、「私は寝てないんだ」と発言したことで、大炎上しました。翌2001（平成13）年も、同社の子会社である雪印食品が、輸入牛肉を国産牛肉と偽って交付金を不正に受給した事件が発覚し、雪印のブランドそのものが地に落ちることになりました。

大企業が、この有様です。中小企業にまで枠を広げれば、発覚しない不正はもっともっと出てくるのではないでしょうか。

食品業界では、現在も産地偽装がたびたびニュースになっています。

2022年秋には三重県の3業者が、外国産や愛知県産のアサリを、三重県産と偽って販売した事件があり、また、同年12月にも、徳島市の卸売業者が外国産わかめを県特産の「鳴門産」と偽って表示して販売したとして、刑事告発されています。動機は容易に推察できます。外国産よりも国産のほうが、あるいは同じ国内でもよりブランド力のある地域を産地としたほうが高く売れる。つまり、多く売り上げるための不正というわけです。

経営には、このような不正の誘惑が常につきまといます。

平鍛造でも、私が退職したあと、利益優先の不正の誘惑があったようです。

工場では、稼働後、機械に付着したグリスを高圧ジェット温水で洗い流します。その汚水は工場の外に設置した浄化槽に集め、きれいにした水を循環し工場用水として使用しています。

ただ、雨が大量に降ると、浄化槽が雨水で溢れてしまう恐れがありました。そこで私は、平鍛造の敷地の地下に、50メートルほどのパイプを近くの2級河川まで敷設し、市の許可をもらって排水させてもらっていました。

川まで敷設したパイプは、じつは私個人が所有する水田の下を通っていたので、私が退任して1年ほど経った頃、「このまま、このパイプを使用しますか？　ほかの方法を考えますか？」と聞いたところ「配管は切断しますから、今後パイプは使用しません」との返答。

もちろん、当方は「了解」です。

「ではどこへ排水を流すのですか？」と尋ねると、工場内に流れている農業用水路へ直接流す、とのこと。それは許されることではありませんが、市会議員を通じて隣接2町会の許可ももらったとのことでした。

——違法では？

私たちが暮らす能登は、世界農業遺産に指定されていて、その上今は、農薬を減らし、朱鷺《とき》を呼び込むプロジェクトが進んでいる土地です。

驚いた私が、市長にどうなっているのか？　と直接問い合わせたところ、平鍛造サイドは渋々、パイプの継続的使用を依頼してきました。

現経営者に、地元の人は皆無。このような田園地帯で、工場を経営したこともないでしょう。社会的責任をまったく感じていない上場会社の子会社経営陣というところでしょうか。今後も何をしでかすか不安です。

いずれにせよ、工業用水を直接農業用水路へ排水することは違法です。しかし、それをまったく意に介さない経営者は確かに存在するのです。

Point!

売り上げのために違法も改ざんも意に介さない経営者になってはいけない！

信用を失うことが最大の打撃、中小企業には死活問題

経営に誘惑はつきものです。

自分１人で何もかも決断する中小企業の経営者ならば、ついつい「このぐらいなら

大丈夫だろう」と、法律を犯してしまう危険はいくらでもあります。

夜中に養豚場の糞尿を近くの川に流したり、アスファルトの材料を製造して基準値を超えた排ガスを出していたり、違法行為は枚挙に暇がありません。

誘惑ばかりでなく、親会社からの違法圧力もあります。こんなこともありました。

自社株の90％を売却したあと、私は雇われ社長として会社に残りましたが、ウェブでの定期役員会で、親会社から会社の敷地内で進んでいた工事を終えたことにして、今期で、費用（1億円）を計上しろ、と言われました。利益が大変出ていた時期で、税金を安くしたいということでしょう。

しかし、現実に工事は終わっていません。脱税に手を貸すことになるため、当然断りました。ところが親会社は引かず、「田舎の小さな会社のことなんか誰も調べやしない。言われた通りやればいいんだ」と、乱暴な言い方で強要しようとしました。

私はその強硬さに呆れ、関与税理士事務所から説明してもらうことにしました。

全国規模の会計法人から指摘され、親会社は私に強要することを諦めました。

確かに、親会社が言うように、工事がまだ進行中なのか、それとも終わっているのか、税理士事務所も国税庁も、わかりにくいことは事実です。しかし、平鍛造は能登地域では、ダントツのナンバーワン納税法人のため、案外、常に見られています。不正が発覚してもしなくても、上場会社の完全子会社でなくても、不正は絶対にできません。

経営をしっかり行い、利益も出し、現金も貯め、従業員にも地元でも信頼されている――そんな何もかも完璧な企業であっても、たった1度、誘惑や圧力に負けて不正を行い、それが発覚すれば、大変な深手《ふかで》を負うことになります。中小企業ならばなおさらです。


一般消費者を相手に商品をつくり、売っている企業であれば、1度信用を失っただけで消費者は離れ、売り上げが激減することもあり得ます。

今はSNSでたちどころに情報が伝わります。わずかなミスや不正であっても、悪意ある陰謀のように伝えられてもおかしくありません。

製品を回収しなければならなくなり、損害賠償訴訟を起こされ、それまで築いてきた信用も財産も、一気に失う可能性があります。

倒産という事態を招くかもしれないのです。

図表Z

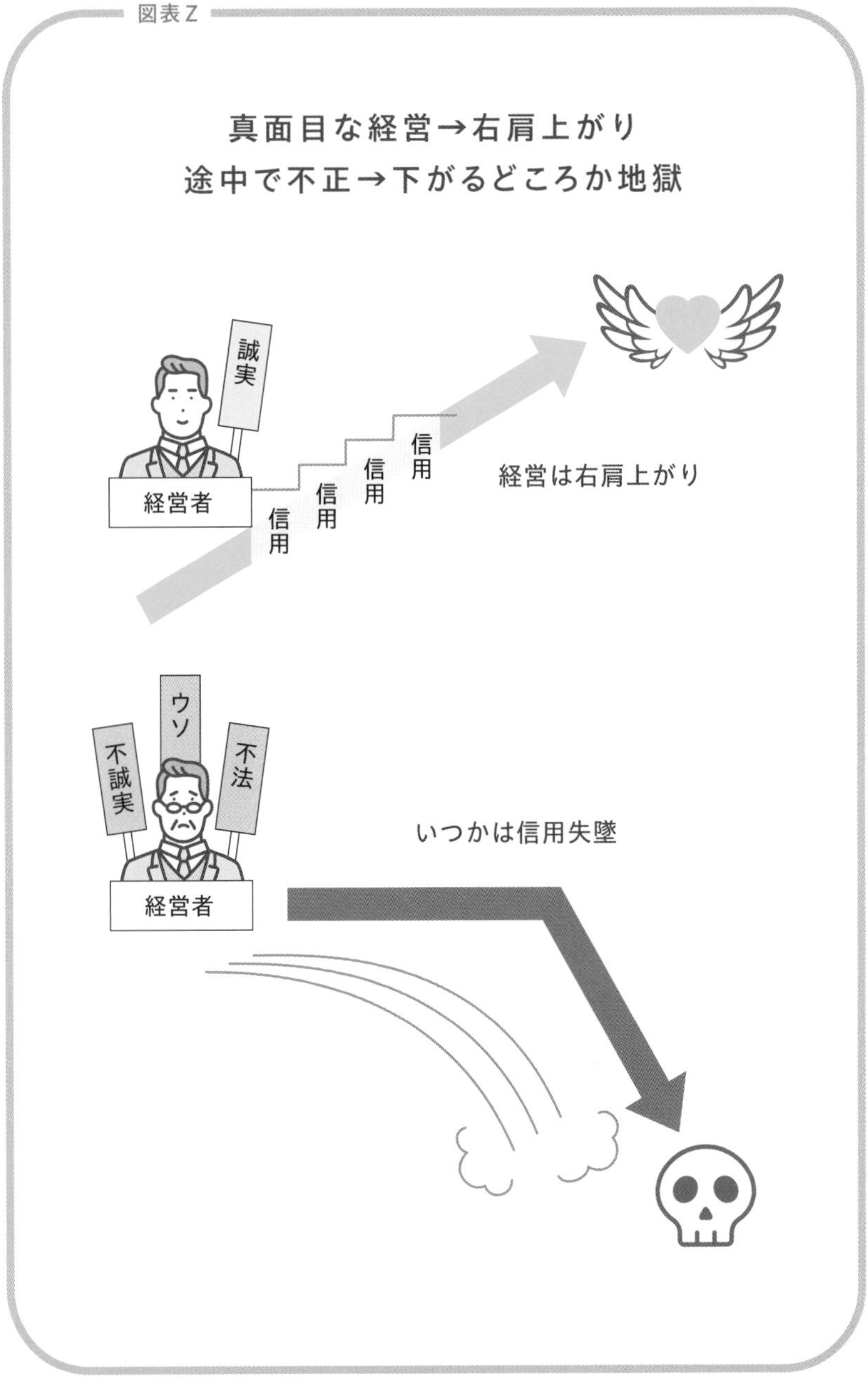
真面目な経営→右肩上がり
途中で不正→下がるどころか地獄
誠実
経営者
信用
信用
信用
信用
経営は右肩上がり
ウソ
不誠実
不法
経営者
いつかは信用失墜

不正をすることで一時は得をしたような気になっていても、あとからその何10倍もの報いを受けることになるのです。

2023（令和5）年3月、福岡県筑紫野市の有名温泉旅館の前社長が死亡しているのが見つかりました。週1回以上義務づけられている浴場の湯の取り換えを年2回しか行わず、基準値を大幅に超えるレジオネラ属菌が検出されて問題になっている旅館でした。

責任を感じた上での悲しい決断だったのでしょう。経営者はそこまで追い詰められることもあるのです。

企業の不正のニュースを見ていると、社長はじめ経営のトップはそれを知らず、部下が、あるいは一部の部署が勝手にやった——そんな言い訳をよく聞きます。

本当なのかもしれません。

しかし、実際に私自身、親会社から圧力を受けた経験から考えれば、多くの事件は会社ぐるみの不正であり、それをまた会社をあげて隠していたのではないか、と思わざるを得ません。よく内部統制という言葉を聞きますが、大手の内部統制には、不正も入っているのでしょうか？　逆説的で、嫌みな言い方ですが……。

たとえば、冒頭にあげた自動車会社の不正な加工、データ改ざんについては、そもそも製造している自動車の性能がある水準に達していなかったのですから、基準値未満は修正すべきで、出荷してはいけません。

相当長期間、継続的に行われていた、性能をごまかすためのデータ改ざんには、気づかなかった、経営陣は知らなかったとは、苦しい言い訳としか思えません。

今は、どの企業にも内部統制が求められています。巨大な企業であれば、経営トップを頂点に上意下達の仕組みが浸透しています。そんな企業で不正が見つかったのであれば、むしろ内部統制で、経営トップが不正や不正隠しを指示している可能性はあり得るのです。

業界全体でも、同様のことがいえます。

巨大な業界になれば、1つの会社を頂点に、部品を供給し、製品を販売し、系列会社が業界を下支えている構図があります。

生産台数を金科玉条のように考えている自動車業界が典型的です。

そのトップ企業が、世界最高の生産台数とかを誇っている限り、部下や子会社、下請けは、それに落ちこぼれまいと、必死でやるより仕方がないのです。
劣等生にはなりたくない一心で、不正に手を染めています。今後も続くでしょう。
経営者は、強い意志で不正をはね除けなければなりません。

Point!

経営者に誘惑や圧力はつきものですが、決して流されず、自分自身に嘘をつかない経営を！

イチオシ

コンプライアンスのカリスマ経営者

髙田 明

【たかた　あきら】

「社会的責任」を果たしてこそ、企業は認められる

コンプライアンス違反の危機はどんな企業にもあります。問題は事件が起きたとき、どう対応するか、にかかっています。2004年、顧客の情報漏洩が発覚した「ジャパネットたかた」の対応が、とても参考になります。

当時、髙田明氏がまだ現役で、通販番組を取り仕切っていました。売り上げ100億円にあと１歩という「順風満帆」の時期に、事件は起きました。その模様を髙田氏は、著書の『伝えることから始めよう』（東洋経済新報社）で触れています。

事件を知った髙田氏が、記者会見を開こうにも、何をどうすればいいのかまったくわかりません。それでも髙田氏は、事実がはっきりするまで通販事業の停止を決断しました。「何よりも先に、お客さまにご迷惑をおかけしてしまった事実と向き合わなければいけない」「営業を続けるという選択肢はありえない」と決断しました。

警察の捜査に協力しつつ、社内に監視カメラを設置して、社屋の人の出入りを記録できるようにしました。結局、事件の影響でその年の売り上げ、利益とも前年を大きく下回りましたが、幸いにも翌年の業績は急激に回復し、事件前の水準を上回ったそうです。

もし、何もせず、責任を誰かに押しつけるようなことをしていれば、信用を失い、このような回復はあり得なかったでしょう。

髙田氏の念頭にあったのが「企業の社会的責任」だったそうです。「『人は人のために生きてこそ人』と言われますが、人も企業も、世の中の人のためになってこそ存在する意味があるのであって、それがなければ存在意義はないと私は思っています」と、髙田氏は著書で語っています。

おわりに

効果が大きいことから改善をスタートすることこそ王道

10原則にも優先順位を

今まで紹介してきた10の原則は、すべて私自身の経験から実際に効果を上げてきた原則ばかりです。

共感していただけても、いただけなくても、ぜひ試してみてください。

ユニクロの柳井氏も、なんでもトライしてダメなら撤退。すごい経営者、成功者って、まず、やるんですよね。彼は、やってみなければわからない、とも言っています。

ここが運命の分岐点です。

まずは会社の帳簿を、穴が空くほど見る。会社の問題点がどこにあるのか。それを帳簿や月次決算の数字などで具体的に把握してください。

何が問題なのかわからない。でも、なぜか会社の現金がない、苦しい。そんな方がいるでしょう。

漠然と感じている問題であっても、何度も何度も繰り返し数字を見ていると、以前見たときには気づかなかったことに、はっと気づきます。

ここが問題だと判明すれば、それを解決するための計画を立てます。そして実行します。実行することが、何よりも重要です。

計画が面倒くさいなら、いきなり実行からでもまずはやってみることです。

しかし、その前に、少し留まってください。

手当たり次第にやっても効果は望めません。

スピードは大事ですが、何からやるかには、注意を払ってほしいのです。

実践する際にもう1つ有効と考えられるのは、最も足を引っ張っていることに優先して取り組むことです。

現金がなく切迫しているのか？　営業で仕事が取れないのか？

何をやっていいか、わからないのならば、ライバルがどこの会社か特定してください。そして、その会社を調べ、自社と比較するのです。

何もかも、うまくいっていないならば、よい会社を真似しましょう。

人手が不足していたら、最も時間がかかり重労働を強いられる仕事で使用する機械装置を導入しましょう。

10の原則をどういう順番で実践していくのか、優先順位を決めます。その上で最優先の原則から1つひとつ始めるのです。

どれから手をつけていいかわからない方は、「第1章　ライバル分析の原則」から始めてみてください。

目に見えて効果が上がれば、やっていてやりがいがありますし、従業員も改善を実感できます。これだけ効果が上がったのだから、作業が楽になったのだから、短時間になったのだから、もっともっとやってみようと、あなた自身も、また従業員も前向きな気持ちになるでしょう？

逆に、やれどもやれども効果がよくわからなければ、疲労感だけがたまり、やがて従業員もあなた自身でさえも、この原則や改善効果に疑問を持ってしまうでしょう。

経営を改革していこうという意欲そのものが、失われてしまいかねません。

最初の原則で弾みがつけば、2番目の原則の実践にも意欲が出てくるでしょう。

自分の「強み」とライバルの「弱み」。そして、時流の正と負をじっくり考察

最も効果が上がると期待した原則であっても、実践する際に困難はつきものです。次から次へと行く手を阻むハードルが出てきて、ダメかーと、断念することが頭をよぎるのは珍しくありません。

1つの実践には、最低でも10の困難が待ち受けていると想定しておいてください。その1つひとつの困難を潰していく忍耐力こそ、求められます。

以前、私が父の方針に逆らったとして、解雇されたことがありました。それは父の勘違いだったのですが……。

その年は、長女が高校３年生で大学受験を控えていて、東京の私立大学を目指していました。合格すれば、毎月、仕送りが必要になります。

そこで、月にいくら必要なのかと試算してみました。朝、新聞配達をして、昼は勤められる会社を見つけて、夜もファミリーレストランで皿洗いのバイトをする。そんなことも考えましたが、それでも十分な収入を得られるとは思えませんでした。なにより当時、私は40歳目前、そんな働き方で２人の娘が大学を卒業する10年間、病気をせずに続けられるのか？

お金、健康、何もかもが不安だらけ、あれこれ考えてみますが、いい方法は見つかりません。悶々と悩みました。

友人の家で、ぼーっとストーブの前で動かないでいると、見かねたその友人が、「あんた、ずっと平鍛造の仕事をしてきたんだから、同じような仕事はできないの？」と口にしました。

同じような仕事といっても、鍛造をするためには製造設備を持たなければなりません。また、設備を操作する従業員も必要です。

できるわけがありません。可能性はゼロです。

しかし、友人の言った前半の言葉、「平鍛造の仕事をずっとしてきたんだから」に、私はハッとしました。

確かに、私はそれまでの約20年弱、平鍛造でひたすら働いてきました。製造現場で働いたこともありますし、多くの取引先を営業しました。業界の事情にも通じています。

その知識と経験を活かす方法はないだろうか――それしか私には道はないのです。

設備投資もしないで、人も雇わず、私の鍛造の知識や経験を活かせる仕事は？

悩んだ末に思いついたのが、商社でした。鍛造品をはじめ、鉄鋼やその周辺を扱う商社です。

訪問先は、平鍛造の客先へ営業をかけ、なんでもいいから注文を取り、製造してくれる会社を探すという、口銭・手数料ビジネスです。

どこの会社がどのような製品や部品を扱っているのか。どの会社がどのような部品の製造・加工を得意としているのか。それまで得た業界の知識を基に、必要としている会社と製造する会社をつなぐのです。

平鍛造で働いてきた経験で、私は「第1章　ライバル分析の原則」をしっかり行っており、ライバル企業の事情はすっかり頭に入っていました。

鍛造関係の会社だけではありません。材料を扱う会社や、金属加工など関連する会社についても、どの会社がどのような設備を持ち、どのような製品の加工を得意としているのかをよく知っていました。

営業の経験も活かすことができる。平鍛造で取引をしていた企業から訪ねてみよう。

これなら、私1人でもできる。突然、目の前がぱっと明るく開けた一瞬でした。

次々現れる困難も決して諦めない――大ピンチを必ず大チャンスに変えた

しかし、スタート直後からは、困難の連続でした。

なんとか会社の設立登記を済ませて商社を起ち上げると、まずは、平鍛造で取引していた大手メーカーへ挨拶に伺いました。が、そこで言われた第1声が、「個人で起ち上げた会社に、仕事を出す会社があるかな?」という言葉でした。

「どこの馬の骨とも知れぬ会社に、仕事を出すか!」とも、はっきり言われたのです。

Sketches of My Life

平鍛造で取引していた大手メーカーへ挨拶に伺いました。が、そこで言われた第1声が、「個人で起ち上げた会社に、仕事を出す会社があるかな？」という言葉でした。

えっ、昨日まで接待を受けていた商社の部長から「どこの馬の骨？？？」

最初は、ショックでしたが、よく考えればそりゃあそうです。

実績も何もない起ち上げたばかりの会社、しかも従業員もいない、社長の私1人の会社に、いきなり注文を出してくれる一部上場会社があるとは思えません。

冷静に考えれば、もっともな理屈でした。平鍛造時代に親しくしていただいた方の言葉だっただけに、なおのこと大きなショックでしたが、それが現実です。

しかし、それにめげている暇はありません。ほかを当たってみよう、捨てる神あれば、拾う神あり――私は、片っ端から営業に回りました。

父はまだ30代のとき、自分の会社を乗っ取られた経験から、羽咋市で平鍛造を起ち上げると、複数の大手企業と直接取引する方針を打ち立てました。そのかいあって、日本を代表する建設機械やベアリングメーカーとの取引が実現しました。

その父ができたことに、私にも絶対に活路が開けると思えました。

「第1章　ライバル分析の原則」では、ライバル企業を徹底的に調査し、同時に自社の強みを知ることで、自社の強みを存分に発揮できるところに力を集中すべきだ、と述べました。私はまさにそれを、営業という分野で行ったのです。

辛抱して営業を続けたかいはありました。実際に注文をいただいたのです。

小松製作所の当時の取締役の皆さまに応援していただいたおかげで、数千万円の仕事をいただきました。しかし、そこから依頼した会社のミスが発覚したり、輸送中のトラブルなど、困難が次から次へと出てきました。

それを辛抱強く1つずつ潰していって、やっと請求書を提出し、手形をいただく。鍛造をはじめ鉄鋼全般の業界知識、図面を読む力、品質知識、何よりもトラブルを1つひとつ克服していく粘り強さなど、平鍛造での経験を自分の「強み」として活かすことで、私はなんとか鉄鋼商社を軌道に乗せることができました。

初年度からわずかですが、黒字にできました。

世の中に同じ会社は2つとありません。あなたの会社は、世界中でただ1つです。

私の商社の経験が、そのままあなたの会社に当てはまるわけではありませんが、私の経験を整理した「10の原則」は、どこにもない優れた技術でスタートアップした会社にも、商店街の空き店舗で始めたお店にも、リタイアして退職金で始めた飲食店にも、どんな会社にも当てはまるはずです。

「10の原則」を、自分の会社に当てはめて考えてみてください。

優先順位を明確にして、実践のための計画を立ててください。必ず実践してください。

実践して困難に直面しても、諦めないでください。解決方法は必ずあります。

自社を知り、ライバルを見つけ、マーケットを熟知してください。必ず活路を見出せます。

考えて、考えて、考え抜いてください。

あなたの会社のことは、経営者であるあなたにしかわかりません。

この原則が、必ず、あなたの会社を発展させることは間違いありません。自信の10原則です。

［著者］

平 美都江（たいら・みとえ）
株式会社インプルーブメンツ　代表取締役社長

1956年東京都大田区生まれ。1977年、父が設立した平鍛造株式会社に入社後、1989年、専務取締役就任。父の天才的な技術で製造される超大型鍛造リングにより、他の追随を許さない企業として急成長を遂げる。2009年、リーマン・ショックによる景気悪化などにより会社存続の危機に追い込まれる中、代表取締役社長に就任。数々の経営の合理化を進め、数年で業績を回復させる。2018年大手上場会社へ株式を90％譲渡するが、2021年6月まで代表を務める。その後、株式会社インプルーブメンツを設立し、代表取締役に就任。現在、経営コンサルタントとして、講演、セミナーなど幅広く活動中。著書に、『なぜ、おばちゃん社長は価値ゼロの会社を100億円で売却できたのか――父が廃業した会社を引き継ぎ、受注ゼロからの奇跡の大逆転』、『なぜ、おばちゃん社長は「絶対安全」で利益爆発の儲かる工場にできたのか？』、『なぜ、おばちゃん社長は「無間改善」で利益爆発の儲かる工場にできたのか？』『なぜ、おばちゃん社長は連続的に勃発する地獄のような事件から生き残れたのか？　これ１冊でもめない損しない事業承継』（すべてダイヤモンド社）などがある。

●㈱インプルーブメンツ
mail : taira@taira-improvements.com

●なぜおば社長 平美都江 OFFICIAL WEBSITE

なぜおば社長の100億円ノウハウ
スタートアップ 倒産させない絶対経営 10の原則

2023年10月31日　第１刷発行
2023年11月30日　第２刷発行

著　者――――――平　美都江
発行所――――――ダイヤモンド社
〒150-8409　東京都渋谷区神宮前6-12-17
https://www.diamond.co.jp/
電話／03-5778-7235（編集）　03-5778-7240（販売）
監修――――――西浦雅人税理士事務所
装丁＆本文デザイン――有限会社北路社
挿絵――――――かわのいちろう
執筆協力――――山本明文
編集協力――――古村龍也（Cre-Sea）
制作進行――――ダイヤモンド・グラフィック社
印刷／製本――――ベクトル印刷
編集担当――――花岡則夫

ISBN 978-4-478-11884-9

◆ダイヤモンド社の本◆

“なぜおば社長”平美都江の著書

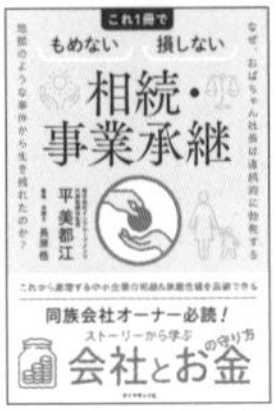

なぜ、おばちゃん社長は連続的に勃発する地獄のような事件から生き残れたのか？

これ1冊でもめない損しない相続・事業承継

多くの中小企業オーナーが悩む承継問題を先送りにしていては、税金地獄だけでなく身内の関係性も崩れるはめに。相続・事業承継であらゆるトラブルに見舞われながらもお金と会社と身内のもめごとも解消した、平のおばちゃん社長が自らの事例を紹介しながら、実践的アドバイスを網羅。

定価（本体1800円＋税）　46判並製　2023年3月刊

なぜ、おばちゃん社長は「無間改善」で利益爆発の儲かる工場にできたのか？

経費カットなんて愚の骨頂、絶対するな！思いついたら24時間以内に行動する！ヒマそうな従業員がいたら職務質問して、職場改善のタネを見つける。新しい機械でも効率悪いなら今すぐ捨てる！工場のあらゆる無駄を排除して作業効率の改善で確実に利益が大幅アップ。現場管理者、経営者は必読の一冊。

定価（本体1500円＋税）　46判並製　2022年1月刊

なぜ、おばちゃん社長は「絶対安全」で利益爆発の儲かる工場にできたのか？

あらゆる危険を排除して従業員の働く環境を徹底的に改善し、快適にするだけで利益が大幅アップした実例を元に解説。フォークリフトが優先、人は真ん中を歩くな！暑いなら、鍛造工場全ての壁をぶち抜く！ワイヤー・クレーンを使わず油圧アタッチメントリフトを徹底活用！十分やっていると豪語する経営者こそ必見！

定価（本体1500円＋税）　46判並製　2022年1月刊

なぜ、おばちゃん社長は価値ゼロの会社を100億円で売却できたのか

職人肌の父が経営する鍛造メーカーが乗っ取られて引っ越し。父の思惑で大学を中退して後継者候補と結婚するも離婚。営業職でもことごとく父と衝突。2代目を継いだ弟の不慮の死で、完全に変わってしまった父と会社の廃業を巡って裁判。和解するも取引先はゼロ。それでも100億円で売却できた理由とは。

定価（本体1500円＋税）　46判並製　2021年4月刊

https://www.diamond.co.jp/